180 Keywords Geld- und Währungsrecht

T0209826

Ludwig Gramlich · Peter Gluchowski ·
Andreas Horsch · Klaus Schäfer ·
Gerd Waschbusch
(Hrsg.)

180 Keywords Geld- und Währungsrecht

Grundwissen für Fachleute aus
der Bankwirtschaft

 Springer Gabler

Hrsg.
Ludwig Gramlich
Technische Universität Chemnitz
Chemnitz, Deutschland

Peter Gluchowski
Technische Universität Chemnitz
Chemnitz, Deutschland

Andreas Horsch
Technische Universität Bergakademie
Freiberg
Freiberg, Deutschland

Klaus Schäfer
Universität Bayreuth
Bayreuth, Deutschland

Gerd Waschbusch
Universität des Saarlandes
Saarbrücken, Deutschland

ISBN 978-3-658-28296-7   ISBN 978-3-658-28297-4   (eBook)
https://doi.org/10.1007/978-3-658-28297-4

Die Deutsche Nationalbibliothek verzeichnet diese Publikation in der Deutschen National-
bibliografie; detaillierte bibliografische Daten sind im Internet über http://dnb.d-nb.de abrufbar.

Springer Gabler
© Springer Fachmedien Wiesbaden GmbH, ein Teil von Springer Nature 2020

Springer Gabler ist ein Imprint der eingetragenen Gesellschaft Springer Fachmedien Wiesbaden
GmbH und ist ein Teil von Springer Nature.
Die Anschrift der Gesellschaft ist: Abraham-Lincoln-Str. 46, 65189 Wiesbaden, Germany

Vorwort

Gerne haben die Herausgeber des Gabler Banklexikons die Anregung des Verlags aufgegriffen, vor dem Erscheinen der 15. Auflage des Gabler Banklexikons zwei wichtige Sachgebiete dieser Neuauflage in etwas schlankerem Format als eigenständige Lexika zu publizieren. Dabei haben die verantwortlichen Editoren und Autoren einerseits besonderen Wert darauf gelegt, dass der rechtliche Kern des jeweiligen Themengebiets um die zum besseren Verständnis nötigen betriebs- und volkswirtschaftlichen Erläuterungen ergänzt wurde; andererseits wurde auf einige die geschichtliche Entwicklung behandelnde Aspekte verzichtet. Auf diese Weise sollen die „550 Keywords Bankenaufsichtsrecht" und die „180 Keywords Geld- und Währungsrecht" vor allem dazu dienen, aktuelle, kompakte Informationen zu diesen beiden Themengebieten in alphabetischer Reihenfolge zu bieten.

Die jeweiligen Autoren eines Stichworts sind im Anschluss an ihre Ausarbeitung mit ihrem Namenskürzel aufgeführt.

Wir hoffen, dass die „550 Keywords Bankenaufsichtsrecht" und die „180 Keywords Geld- und Währungsrecht" den Appetit der Leser auf die Lektüre der 15. Auflage des Gesamtwerks weiter anregen.

Chemnitz, Freiberg, Bayreuth, Saarbrücken   Ludwig Gramlich

im Oktober 2019   Peter Gluchowski

Andreas Horsch

Klaus Schäfer

Gerd Waschbusch

Herausgeber

Prof. Dr. Ludwig Gramlich

Technische Universität Chemnitz, Fakultät für Wirtschaftswissenschaften, Lehrstuhl für Öffentliches Recht und Öffentliches Wirtschaftsrecht

Geboren 1951; Studium der Rechtswissenschaften an der Julius Maximilians-Universität Würzburg; wissenschaftlicher Mitarbeiter am Lehrstuhl für Staats-, Völkerrecht und Internationales Wirtschaftsrecht (Prof. Dr. Dr. h.c. Hugo J. Hahn, LL.M. [Harv.]); Promotion (1978) und Habilitation (1983) in Würzburg; Lehrstuhl-Vertretungen unter anderem in Augsburg, Passau, Göttingen, Freiburg i.Br.; 1992 – 2016 Inhaber der Professur in Chemnitz; seit 1998 Lehrbeauftragter (Außenwirtschaftsrecht der EU) an der Universität Leipzig, Juristenfakultät; 1998 – 2014 Mitglied des Wissenschaftlichen Arbeitskreises für Regulierungsfragen bei der Bundesnetzagentur. *[Autorenkürzel: LGR]*

Prof. Dr. Peter Gluchowski

Technische Universität Chemnitz, Fakultät für Wirtschaftswissenschaften, Lehrstuhl für Wirtschaftsinformatik, insbesondere Systementwicklung und Anwendungssysteme

Geboren 1962; Studium der Wirtschaftswissenschaften an der Ruhr-Universität Bochum; wissenschaftlicher Mitarbeiter am Bochumer Lehrstuhl für Wirtschaftsinformatik (Prof. Dr. Roland Gabriel); Promotion (1993) und Habilitation (2003) in Bochum; Akademischer Oberrat an der Heinrich-Heine-Universität Düsseldorf; Lehrstuhl-Vertretung in Chemnitz 2003/2004; seit 2006 Inhaber der Professur an der TU Chemnitz für Wirtschaftsinformatik, insbesondere Systementwicklung und Anwendungssysteme. *[Autorenkürzel: PGL]*

Prof. Dr. Andreas Horsch

Technische Universität Bergakademie Freiberg, Fakultät für Wirtschafts-wissenschaften, Lehrstuhl für Allgemeine Betriebswirtschaftslehre mit dem Schwerpunkt Investition und Finanzierung

Geboren 1966; Studium der Wirtschaftswissenschaft an der Ruhr-Universität Bochum (RUB); wissenschaftlicher Mitarbeiter am Bochumer Lehrstuhl für Angewandte Betriebswirtschaftslehre II: Finanzierung und Kreditwirtschaft (Prof. Dr. Dr. h.c. Joachim Süchting); ein Jahr Geschäftsführer des Bochumer ikf – Institut für Kredit- und Finanzwirtschaft; Promotion (1998) an der RUB; mehrjährige Tätigkeit im Bereich Kommunikation/Volkswirtschaft der WestLB, Münster/Düsseldorf; 2001 Rückkehr als wissenschaftlicher Mitarbeiter an den Bochumer Finanzierungslehrstuhl (Prof. Dr. Stephan Paul); Habilitation (2007) in Bochum; ab 2006 Vertreter, seit 2008 Inhaber des Freiberger Finanzierungslehrstuhls. *[Autorenkürzel: AHO]*

Prof. Dr. Klaus Schäfer

Universität Bayreuth, Rechts- und Wirtschaftswissenschaftliche Fakultät, Lehrstuhl für Betriebswirtschaftslehre I: Finanzwirtschaft und Bankbetriebslehre

Geboren 1962; Studium der Mathematik an der Johann Wolfgang Goethe-Universität; wissenschaftlicher Mitarbeiter am Frankfurter Lehrstuhl für Kreditwirtschaft und Finanzierung (Promotion 1993); wissenschaftlicher Assistent am Institut für Kapitalmarktforschung und Finanzierung der Ludwig-Maximilians-Universität München (Prof. Dr. Bernd Rudolph, Habilitation 2000); Lehrstuhl-Vertretungen an der Universität zu Köln und an der Technischen Universität Bergakademie Freiberg; Gastprofessur an der Leopold-Franzens-Universität Innsbruck sowie wissenschaftliche Gesamtleitung der Fachhochschule Kufstein/Tirol; seit 2006 Inhaber des Bayreuther Lehrstuhls; Vorstand des Betriebswirtschaftlichen Forschungszentrums für Fragen der mittelständischen

Wirtschaft BF/M; Mitglied der Bayreuther Forschungsstelle für Bankrecht und Bankpolitik, der Forschungsstelle für Familienunternehmen und der Forschungsstelle für Unternehmens- und Kapitalmarktrecht sowie Unternehmenssteuerrecht; Moderator der Bayreuther Studiengänge Betriebswirtschaftslehre (B. Sc.), (M. Sc.); stellvertretender Vorsitzender der Prüfungsausschüsse für Betriebswirtschaftslehre, Volkswirtschaftslehre und Gesundheitsökonomie; Mitglied im Qualitätsbeirat der Universität Bayreuth; Mitglied der ZEvA Kommission (ZEKo) mit Sitz in Hannover. *[Autorenkürzel: KSC]*

Prof. Dr. Gerd Waschbusch

Universität des Saarlandes, Saarbrücken, Fakultät für Empirische Humanwissenschaften und Wirtschaftswissenschaft, Lehrstuhl für Betriebswirtschaftslehre, insbesondere Bankbetriebslehre

Geboren 1959; Studium der Betriebswirtschaftslehre an der Universität des Saarlandes, Saarbrücken; wissenschaftlicher Mitarbeiter/wissenschaftlicher Assistent am Saarbrücker Lehrstuhl für Betriebswirtschaftslehre, insbesondere Bankbetriebslehre (Prof. Dr. Hartmut Bieg); Promotion zum Dr. rer. oec. (1992) und Habilitation für das Fach Allgemeine Betriebswirtschaftslehre (1998) an der Universität des Saarlandes, Saarbrücken; 1994 bis 1996 Vertretung der Professur für Betriebswirtschaftslehre mit dem Schwerpunkt Rechnungswesen des Fachbereichs Sozial- und Wirtschaftswissenschaften der Universität Kaiserslautern; 2001 bis 2003 Inhaber der Professur für Allgemeine Betriebswirtschaftslehre mit den besonderen Schwerpunkten Rechnungswesen/Controlling und Finanzwirtschaft an der WHL Wissenschaftliche Hochschule Lahr sowie Rektor der WHL Wissenschaftliche Hochschule Lahr; 2003 bis 2010 Inhaber der Professur für Betriebswirtschaftslehre, insbesondere Rechnungswesen und Finanzwirtschaft an der Universität des Saarlandes, Saarbrücken; seit 2010 Inhaber der Professur für Betriebswirtschaftslehre, insbesondere Bankbetriebslehre an der Universität des Saarlandes, Saarbrücken; 2015 bis 2016 Dekan der Rechts- und

Autorenverzeichnis

Dr. Jan Keidel

Wissenschaftlicher Mitarbeiter, Professur Wirtschaftsinformatik II: Systementwicklung und Anwendungssysteme, Technische Universität Chemnitz
[Autorenkürzel: KEI]

Prof. Dr. Heinz Kußmaul

Direktor des BLI (Betriebswirtschaftliches Institut für Steuerlehre und Entrepreneurship; Lehrstuhl für Betriebswirtschaftslehre, insbesondere Betriebswirtschaftliche Steuerlehre; Institut für Existenzgründung/ Mittelstand) an der Universität des Saarlandes, Saarbrücken
[Autorenkürzel: HKU]

Prof. Dr. Cornelia Manger-Nestler

Inhaberin der Professur für deutsches und internationales Wirtschaftsrecht, Fakultät Wirtschaftswissenschaft, HTWK Leipzig
[Autorenkürzel: CMN]

Prof. Dr. Jürgen Moormann

Concardis-Professor für Bank- und Prozessmanagement, Leiter Process-Lab, Frankfurt School of Finance & Management, Frankfurt am Main
[Autorenkürzel: JMO]

Prof. Dr. Lutz Richter

Inhaber des Lehrstuhls für Betriebswirtschaftslehre, insbesondere Betriebswirtschaftliche Steuerlehre und Unternehmensrechnung, Universität Trier
[Autorenkürzel: LRI]

Dr. Christoph Ruiner

Senior Financial Controller, Sienna Capital, Luxemburg, Dozent an der Verwaltungs- und Wirtschaftsakademie Koblenz sowie der Akademie der Saarwirtschaft
[Autorenkürzel: CRU]

Andreas Sharik, M. Sc.

Berufliches Schulzentrum für Wirtschaft, Ernährung und Sozialwesen Lichtenstein
[Autorenkürzel: ASH]

© Springer Fachmedien Wiesbaden GmbH, ein Teil von Springer Nature 2020
L. Gramlich et al. (Hrsg.), *180 Keywords Geld- und Währungsrecht*,
https://doi.org/10.1007/978-3-658-28297-4_1

1-DM-Goldmünze

Von der Deutschen Bundesbank aufgrund gesetzlicher Ermächtigung (§ 1 des Gesetzes über die Ausprägung einer 1-DM-Goldmünze und die Errichtung der Stiftung Geld und Währung vom 27.12.2000, BGBl. I S. 2045) im Jahr 2001 emittierte und – auch durch die Bundesrepublik Deutschland – Finanzagentur GmbH (früher: Bundeswertpapierverwaltung) – in Verkehr gebrachte Münze in Gold mit einem Nennwert von 1 DM „zum Gedenken an die Deutsche Mark"; dabei sollte ein Teil des von der Bundesbank als Währungsreserve gehaltenen Goldes eingesetzt werden. Die 1-DM-Goldmünze war bis Ende 2001 gesetzliches Zahlungsmittel. Seither kann sie bei der Bundesbank zum Nennwert zum festgelegten Umrechnungskurs in Euro-Banknoten oder Münzen umgetauscht werden. Der Ausgabepreis wurde nach dem Marktpreis für Gold am Tag vor der Erstausgabe (zuzüglich eines marktüblichen Aufschlags) bestimmt. Der Nettoerlös aus dem Inverkehrbringen der Goldmünzen fließt bis zum Gegenwert von 100 Mio. DM der Stiftung „Geld und Währung", der Mehrerlös der Stiftung „Preußischer Kulturbesitz" zu und ist zweckgebunden für die Sanierung der Berliner Museumsinsel. *[CMN]*

Asset Purchase Programme

Anfang 2015 von der Europäischen Zentralbank (EZB) angekündigtes, erweitertes Programm zum Ankauf von Vermögenswerten, mit dem die Ankäufe der EZB auf Anleihen ausgedehnt wurden, die von in der Eurozone ansässigen Zentralstaaten, Emittenten mit Förderauftrag und europäischen Institutionen begeben werden (PSPP). Das erweiterte Programm schließt die bereits Ende 2014 aufgelegten Ankaufprogramme für Asset-Backed Securities (ABSPP) und für gedeckte Schuldverschreibungen (CBPP3) mit ein. Im März 2016 wurde das Programm auf Unternehmensanleihen erstreckt (CSPP). Zu Beginn wurden monatliche Ankäufe von Vermögenswerten in Höhe von 60 Mrd. Euro durchgeführt, zwischenzeitlich auf 80 Mrd. Euro erhöht und ab April 2017 wieder auf

60 Mrd. Euro reduziert. Die Ankäufe sollen solange erfolgen, bis eine nachhaltige Korrektur der Inflationsentwicklung in Richtung der angestrebten Rate von unter, aber nahe bei zwei Prozent zu erkennen ist. Der aktuelle Bestand im APP wird wöchentlich im konsolidierten Wochenausweis des Eurosystems veröffentlicht. *[LGR]*

Aufwertung
Revaluation

1. *Begriff*: Veränderung des Leitkurses einer Währung zu einer anderen Währung beziehungsweise zu einem Währungskorb. Der Wert der fremden Währung beziehungsweise des Währungskorbes, ausgedrückt in Einheiten der aufgewerteten Währung, verringert sich.

2. *Anwendung*: Im System fester Wechselkurse kann eine Aufwertung aufgrund des Drucks von Ländern mit defizitären Leistungsbilanzen und/oder aufgrund inländischer wirtschaftspolitischer Ziele (so z.B. außenwirtschaftliches Gleichgewicht) erfolgen.

3. *Ziel* einer Aufwertung kann ferner die Dämpfung einer inländischen Überbeschäftigungssituation und eines unerwünscht hohen Preisauftriebs sein, verursacht etwa durch eine importierte Inflation.

4. Als Aufwertung wird auch die sich bei flexiblen Wechselkursen ergebende *Erhöhung des Außenwertes der Währung* bezeichnet. Der um das Preisgefälle zwischen den Ländern bereinigte Aufwertungsanteil ist die reale Aufwertung. *[CMN]*

Außenwirtschaftsrecht

1. *Begriff:* durch Außenwirtschaftsgesetz (AWG) und Außenwirtschaftsverordnung (AWV) geregeltes (nationales) Recht des Außenwirtschaftsverkehrs. Das AWG geht in § 1 I aus vom Grundsatz der Freiheit des Außenwirtschaftsverkehrs, das heißt des Waren-, Dienstleistungs-, Kapital-, Zahlungs- und sonstigen Wirtschaftsverkehrs mit dem Ausland

(§ 2 V AWG) sowie des Verkehrs mit Auslandswerten (§ 2 VI AWG) und Gold zwischen Inländern (§ 2 XV AWG).

2. *Beschränkungen:* Außenwirtschaftsverkehr unterliegt nur den Einschränkungen des AWG selbst sowie der aufgrund des AWG erlassenen Rechtsverordnungen, also der AWV. Beschränkungen sind Genehmigungspflichten und Verbote (§ 2 I 2 AWG). Allgemeine Beschränkungsmöglichkeiten zur Erfüllung zwischenstaatlicher Verpflichtungen, etwa im Hinblick auf EU-Rechtsakte, zur Abwehr schädigender Einwirkungen aus dem Ausland sowie zum Schutz der nationalen Sicherheit und der auswärtigen Interessen werden ergänzt durch Beschränkungsmöglichkeiten für einzelne Bereiche (nur noch für Waren- und Dienstleistungs-, nicht mehr für Kapital- und Zahlungsverkehr, §§ 4-9 AWG). Keine Beschränkungen gelten für und gegenüber der Deutschen Bundesbank (§ 10 AWG).

3. Das AWG ermächtigt die Bundesregierung in den §§ 11, 12 zudem zum Erlass von *Verfahrens- und Meldevorschriften.* Genehmigungsstellen sind im Bereich des Kapital- und Zahlungsverkehrs die Deutsche Bundesbank (§ 13 II Nr. 1 AWG) und die ressortverantwortlichen Bundesministerien (§ 13 II Nr. 2, 3, 4 AWG), ansonsten meist das Bundesamt für Wirtschaft und Ausfuhrkontrolle (§ 13 I AWG). Ohne die erforderliche Genehmigung vorgenommene Rechtsgeschäfte sind unwirksam (§ 15 AWG); überdies kommen bei solchen Rechtsverletzungen Bußgelder oder gar Freiheits- oder Geldstrafen in Betracht (§§ 17 ff. AWG). Die Überwachung der Ausfuhr, Einfuhr und Durchfuhr obliegt den Zollbehörden. Auskunfts- und Vorlegungspflichten bestehen auch den Genehmigungsstellen gegenüber, einschließlich der Bundesbank. *[CMN]*

Außenwirtschaftsverkehr

Gemäß § 1 I AWG Waren-, Dienstleistungs-, Kapital-, Zahlungs- und sonstiger Wirtschaftsverkehr mit dem Ausland (das heißt alle Gebiete außerhalb der Bundesrepublik Deutschland); Verkehr mit

Auslandswerten und Gold zwischen Inländern; Auslandswerte sind unbewegliche Vermögenswerte im Ausland, Forderungen in Euro gegen Ausländer, auf andere Währungen als Euro lautende Zahlungsmittel, Forderungen und Wertpapiere, § 2 VI Nr. 1 – 3 AWG. Der Außenwirtschaftsverkehr ist grundsätzlich frei. Er unterliegt nur den Einschränkungen des Außenwirtschaftsgesetzes (AWG) und der aufgrund dessen erlassenen Außenwirtschaftsverordnung (AWV). *[CMN]*

Bank deutscher Länder (BdL)

In den drei westlichen Besatzungszonen Deutschlands 1948 errichtete, mit weitgehender Unabhängigkeit ausgestattete öffentlich-rechtliche Bank, die die Zahlungsfähigkeit und Liquidität der angeschlossenen Landeszentralbanken (LZB) koordinierte und als Zentralnotenbank das Recht zur Ausgabe von Banknoten hatte. Neben dem Notenausgabemonopol stand der BdL bis 1950 auch das Emissionsrecht für Münzen zu. Die BdL war ein Tochterinstitut der (damals) rechtlich selbstständigen Landeszentralbanken. Oberstes, die Geldpolitik bestimmendes Organ des zweistufigen Zentralbanksystems (BdL mit Landeszentralbanken) war der Zentralbankrat aus den Präsidenten der LZBen und dem Präsidenten des Direktoriums der BdL als „geborenen" Mitgliedern. Durch Verschmelzung mit den Landeszentralbanken einschließlich der Berliner Zentralbank entstand 1957 aus der BdL die Deutsche Bundesbank (§ 1 BBankG). [CMN]

Bank für Internationalen Zahlungsausgleich (BIZ)

Bank der Zentralbanken, die deren Währungsreserven verwaltet, bei bestimmten Geschäften als Agent und Treuhänder auftritt sowie zunehmend Bedeutung als internationales Kooperationsforum zwischen Zentralbanken und internationalen Währungs- und Aufsichtsgremien erlangt hat.

1. *Charakterisierung:* 1930 ursprünglich als Treuhänder für die Reparationsgläubiger des Deutschen Reichs gegründete internationale Organisation mit Sitz in Basel, zwischenstaatliches Finanzinstitut in der Rechtsform einer Aktiengesellschaft schweizerischen Rechts. Mitglieder der BIZ sind über 50 Zentralbanken, Währungsbehörden und internationale Finanzinstitutionen, nicht aber Staaten.

Aufgaben: Nach Artikel 3 ihrer Statuten hat die BIZ die Zusammenarbeit der Zentralbanken zu fördern („Bank der Zentralbanken"), Möglichkeiten für internationale Finanzgeschäfte zu schaffen und als Treuhänder (*trustee*) oder Agent bei internationalen Zahlungsgeschäften zu wirken. Das *Kapital* der BIZ befindet sich zum größten Teil in Händen von Zentralbanken. *Rechnungseinheit* der BIZ sind Sonderziehungsrechte (SZR/Special Drawing Rights, SDR), das heißt die vom Internationalen Währungsfonds (IWF) geschaffene internationale Währungs- und Verrechnungseinheit. Organe der BIZ sind Generalversammlung und Verwaltungsrat.

2. Nach den Statuten sind zulässige *Geschäfte:* Gold- und Devisengeschäfte für eigene Rechnung und für Rechnung von Zentralbanken, Verwahrung von Gold für Rechnung der Zentralbanken, Lombardgeschäfte mit Zentralbanken, Kauf und Verkauf von börsengängigen Wertpapieren (mit Ausnahme von Aktien) für eigene und für Rechnung von Zentralbanken. Die BIZ darf ferner Konten bei Zentralbanken unterhalten und ihrerseits Einlagen von Zentralbanken annehmen sowie als deren Agent und Korrespondent handeln. Diese Geschäfte dürfen (wenn die Zentralbanken keinen Einspruch erheben) auch mit Banken, Handels- und Industrieunternehmen sowie privaten Personen abgeschlossen werden. Bestimmte Geschäfte sind der BIZ ausdrücklich untersagt, so z.B. Notenausgabe, Akzeptierung von Wechseln und Kreditgewährung an Regierungen. Die Geschäfte der BIZ müssen mit der Währungspolitik der Zentralbanken vereinbar sein.

3. Als *Forum für internationale währungspolitische Zusammenarbeit von Zentralbanken und internationalen Finanzinstitutionen* finden regelmäßig Sitzungen des Verwaltungsrats der BIZ mit dem Direktorium der Europäischen Zentralbank sowie den Ländern der Zehner-Gruppe (G 10) einschließlich der Schweiz (häufig zwecks Stützungsvereinbarungen für bestimmte Währungen) statt, ferner periodische Zusammenkünfte von Zentralbankexperten. Auch hat die BIZ Beobachterstatus an den Arbeiten des Interimsausschusses des IWF, des Finanzstabilitätsrates sowie von währungspolitischen Gremien der G 10 und der OECD. Seit

den 1970er-Jahren werden im Rahmen der BIZ auch bankaufsichtliche Regeln erarbeitet.

4. *Zur Forschung* gehören Studien auf dem Gebiet der inneren und äußeren Währungstheorie und -politik, Beobachtung der internationalen Finanzmärkte, statistische Erfassung der Zahlungsbilanzüberschüsse und -defizite der Länder der Zehner-Gruppe sowie des internationalen Bankgeschäfts, Datenbank für die Zentralbanken der Zehner-Gruppen-Länder. Regelmäßige Veröffentlichungen der BIZ sind ihr Jahresbericht sowie Berichte über das internationale Bankgeschäft.

5. Als *Agent* wird die BIZ tätig als Treuhänder für internationale Staatsanleihen (*sovereign bonds*) und als Pfandhalter (*collateral agent*). *[CMN]*

Banknote

Geldzeichen, das auf einen bezifferten Betrag einer bestimmten Währung lautet und von einer zur Ausgabe (meist ausschließlich) befugten Notenbank (z.B. Notenausgabemonopol der Europäischen Zentralbank [EZB]) ausgegeben wird (Papiergeld). Früher konnten Banknoten bei der Zentralbank bar, z.B. gegen Gold, eingelöst werden (Goldstandard). Das setzte eine entsprechende Deckung des Notenumlaufs voraus. Heute sind Banknoten in der Regel nicht einlösbar, sondern haben selbst den Charakter eines gesetzlichen Zahlungsmittels. Deckungsvorschriften gibt es im Allgemeinen nicht mehr, doch bemessen Notenbanken den Banknotenumlauf nach Erfordernissen der Geld- und Währungspolitik. *[CMN]*

Banknoten im ESZB

Von der Europäischen Zentralbank (EZB) und den nationalen Zentralbanken (NZB), die die einheitliche Währung eingeführt haben, emittierte Geldscheine, die auf Euro lauten und alleinige gesetzliche Zahlungsmittel in den Mitgliedstaaten des Eurosystems sind.

1. *Begriff*: Geldscheine, die im Rahmen der Europäischen Wirtschafts- und Währungsunion von der Europäischen Zentralbank (EZB) oder den nationalen Zentralbanken (NZB) im Eurosystem ausgegeben werden.

2. *Regelungen/Übergangsregelungen*: Nachdem am 1.1.1999 der Euro als einheitliche Währung von zunächst elf Mitgliedstaaten der Europäischen Union (EU) (Eurozone, Artikel 282 I 2 AEUV) an die Stelle der nationalen Währungen getreten war, blieben die bisherigen Banknoten während der Übergangszeit (bis 31.12.2001) innerhalb ihres Gültigkeitsgebiets gesetzliche Zahlungsmittel. Die EZB und die nationalen Zentralbanken setzen seit 1.1.2002 auf Euro lautende Banknoten als alleiniges gesetzliches Zahlungsmittel in der Eurozone in Umlauf. Banknoten, die auf nationale Währungseinheiten lauteten, verloren die Eigenschaft eines gesetzlichen Zahlungsmittels spätestens sechs Monate nach diesem Datum; die Mitgliedstaaten haben diesen Zeitraum durch nationale Vorschriften verkürzt. Die ungültig gewordenen Banknoten werden von den ausgebenden Stellen weiterhin zum jeweiligen Umrechnungskurs in Euro getauscht. Die Deutsche Bundesbank tauscht Deutsche Mark-Noten unbefristet und kostenlos um. Zur Ausgabe von auf Euro lautenden Banknoten sind die EZB sowie die Zentralbanken jener EU-Mitgliedstaaten berechtigt, die an der Endstufe der Währungsunion teilnehmen (Artikel 128 I AEUV). Hingegen verfügt nur die EZB über das ausschließliche Recht zur Genehmigung der Banknotenausgabe (Artikel 128 I 1 AEUV).

3. *Funktion*: Euro-Banknoten sind nach Außerkurssetzung der nationalen Banknoten das einzige unbeschränkte gesetzliche Zahlungsmittel in allen teilnehmenden Mitgliedstaaten. Euro-Münzen kommt demgegenüber nur die Funktion eines beschränkten gesetzlichen Zahlungsmittels zu.

4. *Notenwert/Stückelung*: EZB und nationale Zentralbanken geben Scheine im Nennwert zu 5 Euro, 10 Euro, 20 Euro, 50 Euro, 100 Euro und 200 Euro aus. Aufgrund eines Beschlusses des EZB-Rates von 2016

ist der 500-Euro-Schein nicht mehr Bestandteil der sogenannten Europa-Serie, die die EZB seit 2017 in Umlauf bringt; jedoch bleiben Scheine aus älteren Serien gültig.

5. *Ausstattung/Gestaltung*: Geldzeichen sind zum Schutz vor Verwechslungen und Fälschungen unterschiedlich groß und verschieden in Farbe und Ausstattung. Euro-Banknoten tragen Abbildungen zum Thema „Zeitalter und Stile in Europa". Hauptelemente auf den Vorderseiten sind Fenster und Tore. Auf den Rückseiten erscheinen Abbildungen von typischen Brücken verschiedener Epochen der europäischen Geschichte. Die Entwürfe stammen von Robert Kalina, einem Mitarbeiter der Banknotendruckerei der Österreichischen Nationalbank. Sie wurden vom Rat des Europäischen Währungsinstituts 1996 nach einem Gestaltungswettbewerb ausgewählt.

6. *Sicherheitsmerkmale*: Um Fälschungen so weit wie möglich zu verhindern, enthalten Euro-Banknoten zahlreiche Sicherheitsmerkmale. Neben bereits bewährten Merkmalen (wie Wasserzeichen, Sicherheitsfarben, Stichtiefdruck, Effektfarben) sind auch neuere Echtheitsmerkmale in die Noten integriert, z.B. durch Anbringen von reflektierenden und beugungsoptischen Folien auf den Noten. Um eine verlässliche Echtheitskontrolle in Sortiermaschinen, Verkaufs- und Geldausgabeautomaten zu ermöglichen, enthalten Euro-Banknoten verschiedene maschinenlesbare Kennzeichen. Tastbare Merkmale und weitere Maßnahmen erleichtern Sehbehinderten den Umgang mit Banknoten (Barrierefreiheit). Der Druck der Euro-Noten erfolgt in verschiedenen Einrichtungen in den teilnehmenden Mitgliedstaaten. *[CMN]*

Banknotenumlauf

Teil des Bargeldumlaufs, der in der Bilanz und gegebenenfalls im Wochenausweis der Zentralbank als Passivposition ausgewiesen wird, bis Ende 1998 durch die Deutsche Bundesbank, seither durch die Europäische Zentralbank. *[CMN]*

Bardepot

Zinslose Zwangseinlage von Inländern in Höhe des jeweils geltenden Bardepot-Satzes auf Konten bei der Deutschen Bundesbank, die für im Ausland aufgenommene Kredite unterhalten werden muss. In der Bundesrepublik Deutschland galt eine Bardepot-Pflicht lediglich zwischen 1972 und 1974 nach § 6a AWG a.f. Nach der Teilnahme der Bundesrepublik Deutschland an der Endstufe der Europäischen Wirtschafts- und Währungsunion wurde § 6a AWG aufgehoben. *[LGR]*

Bargeld

Geld in Form von Geldzeichen, nämlich Banknoten und Münzen. *[CMN]*

Basiszinssatz

Gemäß § 1 I 2 des Diskontsatz-Überleitungsgesetzes (DÜG) vom 9.6.1998 (BGBl. I S. 1242) der am 31.12.1998 geltende Diskontsatz der Deutschen Bundesbank, der nach § 1 I 1 DÜG in Rechtsvorschriften und in Verträgen (vgl. § 4 DÜG) bis zum 31.12.2001 an die Stelle des früheren Diskontsatzes trat, soweit dieser als Bezugsgröße für Zinsen und andere Leistungen verwendet wurde. Der Basiszinssatz änderte sich zum 1.1., 1.5. und 1.9. jedes Jahres um die Prozentpunkte, um die eine andere Bezugsgröße, nämlich der Satz der längerfristigen Refinanzierungsgeschäfte des ESZB, seit seiner letzten Veränderung gestiegen oder gefallen war, aber nur, wenn sich diese Bezugsgröße um mindestens 0,5 Bezugspunkte geändert hatte. Seit 1.1.2002 ist der Basiszinssatz in § 247 BGB geregelt. Das DÜG wurde aufgehoben, so dass seit 4.4.2002 der Basiszinssatz nach DÜG keine Bedeutung für ab diesem Datum entstehende Forderungen mehr hat. Der Basiszinssatz nach BGB betrug zunächst 3,62 Prozent und verändert sich zum 1.1. und zum 1.7. jedes Jahres weiterhin um die Prozentpunkte, um die die (gleich gebliebene) Bezugsgröße gestiegen oder gefallen ist. Wie zuvor gibt die Deutsche Bundesbank den neuen Basiszinssatz im Bundesanzeiger unverzüglich bekannt. An den Basiszinssatz knüpft der Verzugszinssatz an; er übersteigt jenen um fünf Prozentpunkte (§ 288 I BGB), bei einem Rechtsgeschäft, an dem kein Verbraucher beteiligt ist, um acht Prozentpunkte (§ 288 II BGB). *[CMN]*

Befristete Transaktionen (des ESZB)

Geschäfte, mit denen das Eurosystem Banken Zentralbankgeld für einen bestimmten Zeitraum bereitstellt beziehungsweise entzieht. Befristete Transaktionen werden z.b. in Form von besicherten Krediten oder Pensionsgeschäften (REPO-Geschäften) durchgeführt. Zur Bereitstellung von Zentralbankgeld kauft das ESZB bei einem Pensionsgeschäft von Banken Wertpapiere an, unter der Maßgabe, dass die Erwerber die Wertpapiere nach einer festgelegten Laufzeit zu einem vorab vereinbarten Kurs wieder zurückkaufen. Den für die Wertpapiere zu zahlenden Betrag schreibt die jeweilige nationale Zentralbank den Banken auf deren Konten gut, wodurch sich das Volumen an bereitgestelltem Zentralbankgeld erhöht. Zum Entzug von Liquidität erfolgt der umgekehrte Vorgang: Das Eurosystem verkauft Wertpapiere an Banken und kauft später wieder zurück. *[LGR]*

Beiräte bei den Hauptverwaltungen der Deutschen Bundesbank

Nach § 9 BBankG bei jeder Hauptverwaltung (früher: Landeszentralbank) der Deutschen Bundesbank bestehendes Gremium, das mit dem Präsidenten der Hauptverwaltung über die Durchführung der ihm in seinem Bereich obliegenden Aufgaben berät. Dadurch hält die Bundesbank Kontakt zum Kreditgewerbe und zur kreditnehmenden Wirtschaft. Mitglieder sollen besondere Kenntnisse auf dem Gebiet des Kreditwesens haben. Höchstens die Hälfte der bis zu 14 Mitglieder soll aus den verschiedenen Zweigen des Kreditgewerbes, die übrigen Mitglieder sollen aus der gewerblichen Wirtschaft, dem Handel, der Versicherungswirtschaft, den Freien Berufen, der Landwirtschaft sowie der Arbeiter- und Angestelltenschaft ausgewählt werden (§ 9 II BBankG). *[CMN]*

Bretton-Woods-Abkommen

Auf einer Währungs- und Finanzkonferenz der (späteren) Vereinten Nationen 1944 in Bretton Woods (USA) geschlossene multilaterale völkerrechtliche Verträge über die Neugestaltung der Internationalen Währungsordnung (Bretton-Woods-System) durch Errichtung des Internationalen Währungsfonds (IWF) und der Weltbank. Die ursprünglichen Aufgaben dieser Internationalen Organisationen haben sich teilweise erheblich geändert. Beim IWF betrifft dies vor allem die Ablösung des Systems fester Wechselkurse, die endgültig mit der zweiten Änderung des IWF-Abkommens 1978 erfolgte, sowie die Erweiterung der Fazilitäten. Bei der Weltbank hat der Auftrag zur Unterstützung des Wiederaufbaus der durch den Zweiten Weltkrieg zerstörten Länder und Volkswirtschaften bereits in den 1950er-Jahren seine Bedeutung verloren; seither steht die Unterstützung der Entwicklungsländer im Mittelpunkt der Tätigkeit der Weltbank selbst und der anderen Organisationen der Weltbankgruppe. *[CMN]*

Bretton-Woods-System

Auf der Konferenz von Bretton Woods (USA) im Juli 1944 (Bretton-Woods-Abkommen) konzipiertes Festkurssystem für die Zeit nach dem Zweiten Weltkrieg. Wechselkurspolitisches Merkmal des Systems war die Verpflichtung der Mitgliedstaaten des Internationalen Währungsfonds (IWF), mit diesem Paritäten – ab 18.12.1971 auch Leitkurse – zu vereinbaren und die Schwankungen ihrer Währungen innerhalb bestimmter Spannen zu halten. Eine Änderung der Paritäten beziehungsweise der Leitkurse war nur zulässig, wenn ein „fundamentales Ungleichgewicht" vorlag. Das mit dem Bretton-Woods-System geschaffene System fester (aber anpassungsfähiger) Wechselkurse fand im

März 1973 sein Ende, als nahezu alle wichtigen Mitglieder die Interventionen am Devisenmarkt in US-Dollar (der Währung, in der überwiegend die Paritäten beziehungsweise Leitkurse ausgedrückt waren) einstellten. Formal wurde das Bretton-Woods-System erst zum 1.4.1978 aufgehoben. *[CMN]*

Bundesanstalt für Finanzdienstleistungsaufsicht (BaFin)

1. *Errichtung und Aufgaben*: zum 1.5.2002 durch Artikel 1 des Finanzdienstleistungsaufsichtsgesetzes (FinDAG) vom 22.4.2002 (BGBl. I S. 1310, zuletzt geändert durch Gesetz vom 17.7.2017, BGBl. I S. 2446) errichtete bundesunmittelbare, das heißt rechtlich selbstständige Anstalt des öffentlichen Rechts (Abkürzung BaFin) mit (Doppel-)Sitz in Bonn und Frankfurt a.M., entstanden aus der Zusammenlegung des Bundesaufsichtsamts für das Kreditwesen (BAKred), des Bundesaufsichtsamts für den Wertpapierhandel (BAWe) und des Bundesaufsichtsamts für das Versicherungswesen (BAV) (§ 1 I, II FinDAG). Die BaFin untersteht der Rechts- und Fachaufsicht des Bundesministeriums der Finanzen (§ 2 FinDAG) und nimmt die ihr nach dem Kreditwesengesetz (KWG), dem Versicherungsaufsichtsgesetz (VAG), dem Wertpapierhandelsgesetz (WpHG) sowie nach anderen Vorschriften übertragenen Aufgaben allein im öffentlichen Interesse wahr (§ 4 I, IV FinDAG). Dabei arbeitet sie mit anderen Stellen und Personen im In- und Ausland, insbesondere der Deutschen Bundesbank sowie den Aufsichtsbehörden auf EU-Ebene (ESRB, EBA, EIOPA, ESMA, EZB), zusammen und kann sich dieser zur Erfüllung ihrer Aufgaben bedienen (§ 4 II, III FinDAG). Die BaFin arbeitet mit der Deutschen Bundesbank, dem Bundesministerium der Finanzen und der Bundesanstalt für Finanzmarktstabilität im Ausschuss für Finanzstabilität (AFS), dem früheren Forum für Finanzmarktaufsicht, zusammen, um Risiken für die Finanzstabilität frühzeitig zu erkennen und vorzubeugen.

2. *Organisation*: Organe der BaFin sind das Direktorium, der Präsident (wie der Vizepräsident vom Bundespräsidenten auf Vorschlag der Bundesregierung ernannt) und der Verwaltungsrat (§ 5 FinDAG). Das Direktorium leitet und verwaltet gesamtverantwortlich unter Vorsitz des Präsidenten (§ 6 FinDAG) die Anstalt. Der Präsident bestimmt die strategische Ausrichtung und vertritt die BaFin gerichtlich wie außergerichtlich. Der Verwaltungsrat (§ 7 FinDAG), bestehend aus 17 Mitgliedern aus Staat und Wirtschaft, überwacht die Geschäftsführung der BaFin und fungiert als eine Art Aufsichtsrat. Daneben wird ein Fachbeirat (§ 8 FinDAG) tätig. Einzelheiten des Aufbaus und der Organisation ergeben sich aus einer vom Bundesministerium der Finanzen durch Rechtsverordnung erlassenen Satzung (§ 5 III in Verbindung mit Anlage zur Verordnung vom 29.4.2002, BGBl. I S. 1499).

3. *Aufsichtskompetenzen*: Die integrierte Finanzdienstleistungsaufsicht im Sinne einer Allfinanzaufsicht ist in erster Linie gekennzeichnet durch eine organisatorische Bündelung der drei Aufsichtsbereiche (in Bezug auf Banken, Versicherungen und Wertpapiere); neue oder weitergehende Aufsichtskompetenzen in einzelnen Aufsichtsbereichen sind hiermit nicht verbunden. Auf EU-Ebene wirkt die BaFin in zahlreichen europäischen Gremien daran mit, einen einheitlichen europäischen Finanzmarkt zu schaffen. Dazu zählt insbesondere die Zusammenarbeit im Verwaltungsverbund mit europäischen Aufsichtsbehörden im Rahmen des Europäischen Systems der Finanzaufsicht (ESFS) als auch im Bereich der Bankenaufsicht mit der Europäischen Zentralbank im Einheitlichen Aufsichtsmechanismus (Single Supervisory Mechanism, SSM) sowie dem Einheitlichen Abwicklungsgremium (Single Resolution Board, SRB) im Einheitlichen Abwicklungsmechanismus (Single Resolution Mechanism, SRM); seit 2018 fungiert die BaFin als nationale Abwicklungsbehörde im SRM. In dieser Rolle bewertet die BaFin die Abwicklungsfähigkeit von Kreditinstituten und Finanzgruppen, erstellt Abwicklungspläne und erhebt die Bankenabgabe. Dieses Aufgabenspektrum übernahm

sie zum 1. Januar 2018 von der Bundesanstalt für Finanzmarktstabilisierung (FMSA); dazu wurde das FinDAG geändert (SAG vom 10.12.2014, BGBl. I S. 2091).

4. *Kosten der Aufsicht durch die BaFin*: Die BaFin deckt ihre Kosten aus eigenen Einnahmen; der Bund kann kurzfristige Liquiditätshilfen als verzinsliches Darlehen leisten (§ 13 FinDAG). Für Amtshandlungen im Rahmen der ihr zugewiesenen Aufgaben kann die BaFin Gebühren bis zu 500.000 Euro erheben (§ 14 FinDAG); Auslagen werden nicht gesondert erhoben. Einzelheiten zu den maßgeblichen Gebührenbestimmungen regelt eine Rechtsverordnung des Bundesministeriums der Finanzen (FinDAGKostV) vom 29.4.2002 (BGBl. I S. 1504), wobei die bisherigen Vorschriften zur Umlage aus der FinDAGKostV in die §§ 16 ff. FinDAG überführt wurden und damit vollständig Gesetzesrang erlangt haben. Für in § 15 I FinDAG bestimmte Kosten ist eine gesonderte Erstattung vorgesehen; dazu zählen auch Kosten (in Form von Personal- und Sachaufwand), die bei anderen für die BaFin tätigen Stellen einschließlich der Bundesbank angefallen sind. Soweit die Kosten der Bundesanstalt nicht durch Gebühren oder durch die „gesonderte Erstattung" gedeckt werden, sind sie anteilig auf die beaufsichtigten Unternehmen umzulegen (§ 16 FinDAG). Um die Ausgaben des laufenden Jahres zu decken, erhebt die BaFin in jedem Jahr eine Vorauszahlung, die mit Ausnahme des Aufgabenbereichs Abwicklung in zwei gleich hohen Raten zum 15. Januar und zum 15. Juli zu zahlen ist. Im Folgejahr werden dann die tatsächlichen Kosten (i) festgestellt, (ii) auf die einzelnen Umlagepflichtigen verteilt und (iii) mit den Vorauszahlungen verrechnet. Die BaFin ermittelt den für jeden Umlagepflichtigen maßgeblichen Umlagebetrag anhand der Jahresrechnung, welche die Bundesanstalt für das jeweilige Umlagejahr erstellt und welche durch den Verwaltungsrat festgestellt wird (§ 16l II FinDAG). Die Jahresrechnung enthält eine Aufstellung der entsprechenden Einnahmen und Ausgaben. Als Umlagejahr gilt das Haushaltsjahr, für das die Kosten zu erstatten sind (§ 16a III FinDAG). Eine Übersicht über die Ermittlung der umlagefähigen Kosten der BaFin

gibt § 16b FinDAG. Stehen die Kosten für den jeweiligen Aufgabenbereich fest, werden diese Kosten innerhalb der einzelnen Bereiche verteilt. Hierzu gibt es im FinDAG ein feingliedriges Verteilungssystem. Es nimmt auf die wirtschaftliche Belastbarkeit der beaufsichtigten Unternehmen Rücksicht und soll keine unverhältnismäßigen Kosten verursachen. *[CMN]*

Bundesbankgewinn

Aufgrund des Jahresabschlusses anfallender Reingewinn der Deutschen Bundesbank, der nach § 27 BBankG zunächst einer gesetzlichen Rücklage zuzuführen und im Übrigen an den Bundeshaushalt abzuführen ist. Seit 1999 gilt für die Bundesbank als nationale Zentralbank im Europäischen System der Zentralbanken (ESZB) zudem die Regelung über die Verteilung monetärer Einkünfte nach Artikel 32 der Satzung des ESZB. *[LGR]*

Bundesrepublik Deutschland – Finanzagentur GmbH

Kurzbezeichnung: Deutsche Finanzagentur GmbH; im September 2000 gegründete, seit Mitte 2001 aktive Gesellschaft mit beschränkter Haftung (GmbH) mit Sitz in Frankfurt/M. Alleiniger Gesellschafter ist die Bundesrepublik Deutschland, vertreten durch das Bundesministerium der Finanzen (BMF). Ziel der Gesellschaft ist es, das Schuldenmanagement des Bundes in einer einzigen Rechtsperson zu bündeln und kostenoptimiert auszurichten; Gegenstand des Unternehmens ist die Erbringung von Dienstleistungen für das BMF bei der Haushalts- und Kassenfinanzierung des Bundes und seiner Sondervermögen auf den Finanzmärkten im Auftrag und für Rechnung des Bundes. Zur Erfüllung der Aufgabe gehören insbesondere Dienstleistungen bei der Emission von Bundeswertpapieren, der Kreditaufnahme mittels Schuldscheindarlehen, dem Einsatz derivativer Finanzinstrumente sowie bei

Geldmarktgeschäften zum Ausgleich des Kontos der Bundesrepublik Deutschland bei der Deutschen Bundesbank. Durch das FMSA-Neuordnungsgesetz (vom 23.12.2016, BGBl. I S. 3171) ist die Finanzagentur seit 2018 mit der Trägerschaft der Bundesanstalt für Finanzmarktstabilisierung (FSMA) beliehen; zudem wurde das Management des bis dahin von der FSMA verwalteten Finanzmarktstabilisierungsfonds (SoFFin) der Finanzagentur übertragen. *[CMN]*

C

Committee of European Banking Supervisors

Bis 2010 bestehender, auf der Grundlage des Financial Services Action Plan (FSAP) errichteter Ausschuss zur Zusammenarbeit nationaler Bankenaufsichts-Behörden in der Europäischen Union (EU), abgelöst durch die European Banking Authority (EBA). *[LGR]*

Corporate Sector Purchase Programme

Seit Juni 2016 laufende Ergänzung des Asset Purchase Programme der Europäischen Zentralbank (EZB), durch die der Ankauf von auf Euro lautenden Investment Grade-Anleihen von Unternehmen ergänzt wird. Im Rahmen dieses Programms zum Ankauf von Wertpapieren des Unternehmenssektors können Anleihen von Nicht-Banken mit Sitz im Euro-Währungsgebiet erworben werden; nicht einbezogen sind Anleihen von Kreditinstituten oder von Unternehmen, deren Muttergesellschaft zu einer Bankengruppe gehört. Die Ankäufe finden sowohl am Primär- als auch am Sekundärmarkt statt. Sie werden von einigen Nationalen Zentralbanken, unter anderem der Deutschen Bundesbank, im Auftrag des Eurosystems getätigt. *[LGR]*

Covered Bond Purchase Program 3

Seit Oktober 2014 wirksames Programm der Europäischen Zentralbank (EZB) zum Ankauf von gedeckten Schuldverschreibungen (CBPP3); Teil des Asset Purchase Programme der EZB. Die Ankäufe von auf Euro lautenden gedeckten Schuldverschreibungen von privaten Emittenten, die gemäß dem geldpolitischen Sicherheitenrahmen des Eurosystems notenbankfähig sind, finden sowohl am Primär- als auch am Sekundärmarkt statt. *[LGR]*

Deutsche Bundesbank

In Erfüllung des Verfassungsauftrags aus Artikel 88 GG durch das „Gesetz über die Deutsche Bundesbank" (Bundesbankgesetz [BBankG]) vom 26.7.1957 errichtete Währungs- und Notenbank der Bundesrepublik Deutschland. Die Bundesbank entstand durch Verschmelzung der früheren Landeszentralbanken und der Berliner Zentralbank mit der Bank deutscher Länder (§ 1 S. 2 BBankG). Ihr Sitz ist in Frankfurt am Main. Das vom Bund gehaltene Grundkapital der Bundesbank beträgt 2,5 Mrd. Euro. Mit Beginn der dritten Stufe der Europäischen Wirtschafts- und Währungsunion am 1.1.1999 hat sich die Stellung der Deutschen Bundesbank erheblich geändert. Wie in Artikel 88 S. 2 GG vorgesehen, wurden ihre Aufgaben und Befugnisse weitgehend auf die unabhängige und dem Ziel der Sicherung der Preisstabilität verpflichtete Europäische Zentralbank (EZB) übertragen. Die Deutsche Bundesbank ist seither integraler Bestandteil (§ 3 S. 1 BBankG) des Europäischen Systems der Zentralbanken (ESZB). *[CMN]*

Deutsche Bundesbank, andere Aufgaben

1. *Charakterisierung:* Verpflichtungen der Deutschen Bundesbank, zusätzlich zu ihren in § 3 S. 1 und 2 BBankG definierten Hauptaufgaben. Im Rahmen ihrer Rolle im Europäischen System der Zentralbanken (ESZB) darf die Bundesbank auch andere Aufgaben wahrnehmen (§ 3 S. 3 BBankG), sofern sie mit den Zielen und Aufgaben des ESZB im Einklang stehen (Artikel 14.4 ESZB-Satzung). Solche Aufgaben gelten nicht als solche des ESZB, weshalb sie die Bundesbank in eigener Verantwortung und auf eigene Rechnung wahrnimmt.

2. *Aufgaben im Einzelnen:*

a) Nach § 12 S. 2 BBankG unterstützt die Bundesbank die allgemeine Wirtschaftspolitik der Bundesregierung, soweit das mit ihrer Aufgabe als nationale Zentralbank im Rahmen des ESZB vereinbar ist.

b) Nach § 13 I BBankG obliegt es ihr außerdem, die Bundesregierung in Angelegenheiten von wesentlicher währungspolitischer Bedeutung, auch auf eigene Initiative hin, zu beraten und ihr auf Verlangen Auskunft zu geben. Umgekehrt soll die Bundesregierung zu Beratungen über Angelegenheiten von währungspolitischer Bedeutung den Präsidenten der Bundesbank hinzuziehen (§ 13 II BBankG).

c) Da Währungspolitik und Bankenaufsicht sich vielfach berühren, ist die Bundesbank nach dem Kreditwesengesetz (KWG) an der Sicherung und Ordnung des Kredit- und Finanzdienstleistungswesens beteiligt. Besonders deutlich wird dies daran, dass die Bundesanstalt für Finanzdienstleistungsaufsicht (BaFin), sofern deren Aufsichtsbefugnisse nicht im Rahmen des Einheitlichen Aufsichtsmechanismus (SSM) auf die EZB übertragen wurden (§ 7a I KWG), das Einvernehmen der Bundesbank bei der Aufstellung der Vorschriften über Eigenmittel und Liquidität der Institute (§ 10 I 2, 10a VII, § 11 I 2, 4 KWG) benötigt und in anderen Fällen die Bundesbank anzuhören hat. Eine Reihe von Melde-, Vorlage- und Auskunftspflichten der Kreditinstitute im Sinne des KWG und Finanzdienstleistungsinstitute im Sinne des KWG sind gegenüber der Bundesbank zu erfüllen. Schließlich weisen noch die Informationspflichten (§ 7 I 2, III KWG) und die Zusammenarbeit im Ausschuss für Finanzstabilität (AFS) auf eine allgemeine Kooperationspflicht beider Behörden hin; § 7 I 1 KWG bekräftigt diese. Im Rahmen des Europäischen Systems der Finanzaufsicht (ESFS) ist die Bundesbank, gemeinsam mit der BaFin, zur Zusammenarbeit mit den EU-Aufsichtsbehörden (EBA, ESMA, EIOPA; § 7b KWG), dem europäischen Bankenausschuss (§ 7c KWG) sowie dem ESRB (§ 7d KWG) verpflichtet; ihr obliegen auch Meldepflichten gegenüber der EU-Kommission (§ 7a KWG).

d) Zu den weiteren Aufgaben der Bundesbank gehören unter anderem die Mitwirkung im Konjunkturrat für die öffentliche Hand (§ 18 IV StabG) sowie im Stabilitätsrat (§ 7 II StabiRatG).

e) Aus den zahlreichen Aufgaben der Bundesbank außerhalb des Bundesbankgesetzes (§ 3 S. 3 BBankG) ragen die Befugnisse nach dem Außenwirtschaftsgesetz (AWG) hervor, insbesondere als Genehmigungsstelle im Hinblick auf den Kapital- und Zahlungsverkehr (§ 13 II Nr. 1 AWG). Mit dem Ziel der Finanzmarktstabilisierung arbeitet die Bundesbank mit der BaFin und dem Bundesministerium der Finanzen mit dem Ausschuss für Finanzstabilität (AFS) zusammen. *[CMN]*

Deutsche Bundesbank, Aufgaben nach § 3 BBankG

§ 3 BBankG a.F. wies der Deutschen Bundesbank ursprünglich die Aufgabe zu, mithilfe ihrer geld- und währungspolitischen Befugnisse den Geldumlauf und die Kreditversorgung der Wirtschaft zu regeln. Ziel dieser Tätigkeit war die Währungssicherung. Die entsprechenden Aufgaben und Befugnisse sind zum 1.1.1999 im Rahmen der Europäischen Wirtschafts- und Währungsunion auf das Europäische System der Zentralbanken (ESZB) übergegangen. Als integraler Bestandteil des ESZB wirkt die Bundesbank seither an der Erfüllung von dessen Aufgaben mit. Vorrangiges Ziel bleibt die Währungssicherung, nun als Gewährleistung der Preisstabilität umschrieben (§ 3 S. 2 BBankG). Mit der Integration in das ESZB hat die Bundesbank die Kompetenz zu eigenen währungspolitischen Entscheidungen verloren, handelt vielmehr gemäß den Leitlinien und Weisungen der Europäischen Zentralbank (EZB), ist insoweit also auf ausführende Tätigkeiten beschränkt. Wegen der ihr zugewiesenen Sorge für die Abwicklung des Zahlungsverkehrs stellt die Bundesbank den Kreditinstituten wie auch der öffentlichen Hand Dienstleistungen für die technische Abwicklung des bargeldlosen Zahlungsverkehrs zur Verfügung. Die der Bundesbank durch § 3 S. 1, 2 BBankG übertragenen Hauptaufgaben werden ergänzt durch einige weitere Kompetenzen. *[CMN]*

Deutsche Bundesbank, Autonomie

Andere Bezeichnung für die funktionelle Unabhängigkeit der Deutschen Bundesbank im Bereich ihrer Eigenzuständigkeit. Nach § 12 S. 1 BBankG ist die Bundesbank bei der Ausübung der Befugnisse, die ihr nach dem Bundesbankgesetz (BBankG) zustehen, von Weisungen der Bundesregierung unabhängig. Artikel 130 AEUV schreibt darüber hinaus die Unabhängigkeit der Europäischen Zentralbank (EZB) und der nationalen Zentralbanken, also auch der Bundesbank, unionsrechtlich fest. Artikel 88 S. 2 GG sichert die Unabhängigkeit von EZB und Bundesbank verfassungsrechtlich ab. Begrenzt wird die Autonomie durch die Pflicht, die allgemeine Wirtschaftspolitik der Bundesregierung zu unterstützen, allerdings nur, soweit dies unter Wahrung ihrer Aufgabe als integraler Bestandteil des Europäischen Systems der Zentralbanken (ESZB) möglich ist (§ 12 S. 2 BBankG), also ohne Beeinträchtigung des vorrangigen Ziels der Preisstabilität (Artikel 127 I 2 AEUV). Bei anderen Aufgaben der Bundesbank, z.B. Maßnahmen im Außenwirtschaftsrecht oder im Rahmen der Bankenaufsicht, sind Weisungen der Bundesregierung zulässig und bindend. In personeller Hinsicht zeigt sich die Autonomie der Mitglieder des Vorstandes der Deutschen Bundesbank darin, dass deren Amtszeit mindestens fünf Jahre dauert und keine ausdrückliche Möglichkeit zur vorzeitigen Abberufung dieser Personen normiert ist. Dem Präsidenten der Bundesbank kommt als Mitglied des Rates der EZB eine besondere Stellung zu. Für ihn ist im Unionsrecht eine Mindestamtszeit von fünf Jahren festgeschrieben. Er darf aus seinem Amt nur entlassen werden, wenn er die Voraussetzungen für die Ausübung dieses Amtes nicht mehr erfüllt oder eine schwere Verfehlung begangen hat. Gegen eine entsprechende Entscheidung können er oder der EZB-Rat den Gerichtshof der Europäischen Union (EuGH) anrufen (Artikel 14.2 ESZB-Satzung). Als Mitglied eines Beschlussorgans der EZB ist der Bundesbankpräsident von Weisungen von Organen oder Einrichtungen der Europäischen Union (EU), Regierungen der Mitgliedstaaten oder anderen Stellen unabhängig. Eine andere Stelle in diesem Sinne ist auch der Vorstand; dieser kann deshalb keinen Einfluss auf das Stimmverhalten seines Präsidenten im EZB-Rat nehmen. *[CMN]*

Deutsche Bundesbank, Funktionen

1. *Allgemein:* Notenbank, Bank der Banken, Bank des Staates und Verwalterin der nationalen Währungsreserven (§ 3 BBankG).

2. *Notenbank (§ 14 BBankG):* Nur die Deutsche Bundesbank hat das Recht, im Bundesgebiet auf Euro lautende Banknoten auszugeben. Seit dem Eintritt in die Endstufe der Europäischen Wirtschafts- und Währungsunion (EWWU) steht die Banknotenausgabe unter einem Genehmigungsvorbehalt der Europäischen Zentralbank (EZB) (Artikel 128 I 1 AEUV). Euro-Banknoten sind in der Bundesrepublik Deutschland das einzige unbeschränkte gesetzliche Zahlungsmittel. Auch die Banken, die mit ihrer Geldschöpfung (Kreditschöpfung) Giralgeld schaffen, über das mit Scheck und Überweisung sowie mit Lastschrift verfügt werden kann, sind auf das von der Bundesbank geschaffene Zentralbankgeld angewiesen. Sie müssen jederzeit mit Abhebung von Bargeld durch ihre Kunden rechnen. Die Monopolstellung der Notenbank im gesamtwirtschaftlichen Geldkreislauf versetzt diese in die Lage, auch den Geldumlauf auf der Stufe des Giralgeldes mittelbar unter Kontrolle zu halten. Das Bundesbankgesetz sah daher früher auch in der Regelung des umlaufenden Zentralbankgeldes (neben der Kontrolle des Kreditvolumens) das Mittel, mit dem sie ihrer Hauptaufgabe, der Währungssicherung, nachkam. Seit 1.1.1999 trifft die Bundesbank als integraler Bestandteil des Europäischen Systems der Zentralbanken (ESZB) keine eigenen geldpolitischen Entscheidungen mehr, sondern ist gemäß den Leitlinien und Weisungen der EZB an der Ausführung der Geldpolitik des ESZB beteiligt (§ 3 S. 1, 2 BBankG).

3. *Bank der Banken (§ 19 BBankG):* Die Stellung der Bundesbank als Bank der Banken ergibt sich daraus, dass Banken in bestimmtem Umfang auf die Versorgung mit Zentralbankguthaben (Sichtguthaben bei der

Bundesbank, die jederzeit in Bargeld umgetauscht werden können) angewiesen sind. Kunden der Institute können sich eingeräumte Kredite oder bestehende Sichteinlagen in Bargeld auszahlen lassen. Zum anderen sind die Banken verpflichtet, in Höhe eines bestimmten Prozentsatzes ihrer kurz- und mittelfristigen Verbindlichkeiten gegenüber inländischen Nichtbanken und gegenüber dem Ausland Guthaben bei der Zentralbank als Mindestreserve zu unterhalten; seit 1999 steht der EZB eine entsprechende Befugnis zu (Artikel 19.1 ESZB-Satzung). Beides bestimmt die Abhängigkeit der Geschäftstätigkeit der Banken von der Zentralbankgeldversorgung. Eine rückläufige Bargeldquote könnte durch eine höhere Mindestreservequote ausgeglichen werden und so einer abnehmenden Abhängigkeit der Kreditinstitute von der Zentralbank entgegenwirken. Diese ist letzte Refinanzierungsinstanz der Banken (Lender of Last Resort). Ein einzelnes Kreditinstitut ist nicht unmittelbar auf die Bereitstellung von Zentralbankguthaben durch die Bundesbank angewiesen. Es kann sich die benötigten Guthaben nicht nur durch Geschäfte mit der nationalen Zentralbank (Refinanzierung) beschaffen, sondern im Kreditwege bei anderen Kreditinstituten, die über überschüssige Liquidität verfügen, Zentralbankgeld aufnehmen. Der Handel mit Zentralbankgeld (Zentralbankgeldkrediten) zwischen Banken, die Geldüberschüsse, und Banken, die Defizite haben, vollzieht sich über den Banken-Geldmarkt (Interbankenmarkt). Auf dem Banken-Geldmarkt steht insgesamt nur so viel Zentralbankguthaben zur Verfügung, wie letztlich von der EZB geschaffen worden ist. Indem diese gezielt die Knappheitsverhältnisse am Geldmarkt steuert, kontrolliert sie mittelbar die Geldexpansion im Bankensystem. Als Bank der Banken stellt die Bundesbank den Kreditinstituten Bankdienstleistungen für die technische Abwicklung des unbaren Zahlungsverkehrs zur Verfügung; auch ist die Bundesbank an der Bankenaufsicht beteiligt.

4. *Bank des Staates (§ 20 BBankG):* Wegen des Verbots in Artikel 123 AEUV gewährt die Bundesbank dem Bund, den Sondervermögen des Bundes und den Bundesländern seit 1994 keine Kassenkredite mehr

(§ 20 I BBankG a.F.). Artikel 21.2 ESZB-Satzung erlaubt ihr aber ausdrücklich die Tätigkeit als Fiscal Agent. Sie wirkt deshalb bei der Kreditaufnahme des Bundes und der Länder an den Finanzmärkten mit. Als Bank des Staates bringt die Bundesbank mit Genehmigung der EZB die Münzen in Umlauf (Artikel 128 II AEUV), die der Bund aufgrund des Münzregals prägen lässt. Die Deutsche Bundesbank wickelt größtenteils den bargeldlosen Zahlungsverkehr von Bund und Ländern ab.

5. *Bundesbank als Verwalterin der nationalen Währungsreserven (§ 3 S. 2; § 4 BBankG):* Die Deutsche Bundesbank hält die offiziellen Währungsreserven der Bundesrepublik Deutschland und sichert damit deren internationale Liquidität. Die Währungsreserven setzen sich zusammen aus dem Währungsgold, den kurzfristigen Forderungen in konvertierbaren Währungen, insbesondere in der Reservewährung US-Dollar, der Reserveposition im Internationalen Währungsfonds (die aus den Ziehungsrechten und den Forderungen im Rahmen der Allgemeinen Kreditvereinbarungen besteht) sowie aus den Sonderziehungsrechten (SZR). Die Nettowährungsreserven ergeben sich durch Abzug der Auslandsverbindlichkeiten der Bundesbank und nach Absetzen der Kredite und der sonstigen Forderungen an das Ausland. Verwalterin von Währungsreserven ist auch die EZB (Artikel 30 ESZB-Satzung). *[CMN]*

Deutsche Bundesbank, Geschäfte am offenen Markt

Offenmarktpolitik gibt es nur noch insofern, wie die Deutsche Bundesbank als nationale Zentralbank im Rahmen der Offenmarktgeschäfte des ESZB (Artikel 18 ESZB-Satzung) tätig wird. Nachdem die währungspolitische Befugnis nach § 15 BBankG a.F. bereits zum 1.1.1999 weggefallen war, wurde durch die Siebte Novelle des Bundesbankgesetzes (BBankG) vom 23.3.2002 auch der bisherige § 21 BBankG („Geschäfte am offenen Markt") gestrichen. Mit Kreditinstituten und anderen Marktteilnehmern bleiben der Bundesbank aber Geschäfte am offenen Markt nach

§ 19 Nr. 1 BBankG möglich. Ihre Geschäftspartner müssen bestimmte operationale Voraussetzungen erfüllen, nämlich ein Pfandkonto sowie grundsätzlich ein Girokonto bei ihr unterhalten und an das elektronische Bietungsverfahren (OffenMarkt Tender Operations-System, OMTOS) angeschlossen sein. *[CMN]*

Deutsche Bundesbank, Geschäfte mit jedermann

Kompetenz der Deutsche Bundesbank nach § 22 BBankG, mit natürlichen Personen und juristischen Personen im In- und Ausland alle ihr auch gegenüber Kreditinstituten im Sinne des KWG gestatteten Geschäfte zu betreiben, mit Ausnahme der in § 19 Nr. 1 BBankG genannten Kredit- und Offenmarktgeschäfte. *[CMN]*

Deutsche Bundesbank, Geschäfte mit Kreditinstituten

Die frühere Fassung des für solche Geschäfte maßgeblichen § 19 ist durch die Siebte Novelle des Bundesbankgesetzes (BBankG) vom 23.3.2002 an die bereits zum 1.1.1999 erfolgte Einbindung der Deutschen Bundesbank als nationale Zentralbank in das Europäische System der Zentralbanken (ESZB) angepasst worden. Unbeschadet der Vorschriften über währungspolitische Aufgaben und Operationen des ESZB darf die Bundesbank seither mit Kreditinstituten im Sinne des KWG und anderen Marktteilnehmern folgende Geschäfte betreiben: Darlehen gegen Sicherheiten gewähren sowie am offenen Markt Forderungen, börsengängige Wertpapiere und Edelmetalle endgültig (per Kasse oder Termin) oder im Rahmen von Rückkaufsvereinbarungen kaufen oder verkaufen (Nr. 1); Giro- und andere Einlagen annehmen (Nr. 2); Wertgegenstände, insbesondere Wertpapiere, in Verwahrung und Verwaltung zu nehmen (ohne Ausübung des Stimmrechts) (Nr. 3); Schecks, Lastschriften, Wechsel, Anweisungen, Wertpapiere und Zinsscheine zum

Einzug übernehmen und nach Deckung Zahlung leisten, soweit nicht die Bank für die Gutschrift des Gegenwertes für Schecks, Lastschriften und Anweisungen etwas anderes bestimmt (Nr. 4); andere bankmäßige Auftragsgeschäfte nach Deckung ausführen (Nr. 5); auf eine andere Währung als Euro lautende Zahlungsmittel einschließlich Wechsel und Schecks, Forderungen und Wertpapiere sowie Gold, Silber und Platin kaufen und verkaufen (Nr. 6); alle Bankgeschäfte im Verkehr mit dem Ausland vornehmen (Nr. 7). *[CMN]*

Deutsche Bundesbank, Geschäfte mit öffentlichen Verwaltungen

Kompetenz der Deutschen Bundesbank, mit öffentlichen Verwaltungen, das heißt Bund, Ländern und Sondervermögen des Bundes, die gleichen Geschäfte wie mit anderen inländischen juristischen Personen zu betreiben. Die Gewährung von Kassenkrediten ist seit 1994 ausgeschlossen (§ 20 in Verbindung mit § 19 Nr. 1 BBankG); jedoch darf die Bundesbank im Verlauf eines Tages Kontoüberziehungen zulassen. Auch für den Geschäftsverkehr der Bundesbank mit öffentlichen Verwaltungen, für den weder Kosten noch Gebühren berechnet werden dürfen, gelten die Allgemeinen Geschäftsbedingungen der Deutschen Bundesbank. *[CMN]*

Deutsche Bundesbank, Mitwirkung bei Emissionen von öffentlichen Verwaltungen

Bis zur Siebten Novelle des Bundesbankgesetzes (BBankG) vom 23.3.2002 (BGBl. I S. 1159) sah § 20 II BBankG vor, dass Anleihen, Schatzanweisungen und Schatzwechsel des Bundes, seiner Sondervermögen sowie der Bundesländer durch die Deutsche Bundesbank begeben werden sollten; andernfalls war deren Einvernehmen erforderlich. Die Vorschrift wurde gestrichen, weil sie mit dem Übergang der geldpolitischen Kompetenz auf das Europäische System der Zentralbanken (ESZB) obsolet wurde und eine Gefährdung geldpolitischer Ziele durch das staatliche Schuldenmanagement ohnehin nicht erfolgt. Nach § 19 Nr. 5 in Verbindung mit § 20 Satz 1 BBankG n.f. ist die Bundesbank weiterhin berechtigt, Wertpapiere am Primär- und Sekundärmarkt für fremde Rechnung zu verkaufen; zulässig (weil mit Artikel 21.2 der ESZB-Satzung und Artikel 123 I AEUV vereinbar) bleiben auch ihre Aufgaben im Bereich der Emission und Kurspflege von Schuldtiteln im staatlichen Auftrag. Seitdem die Bundesrepublik-Deutschland Finanzagentur GmbH im Jahr 2001 ihre Tätigkeit aufnahm, wurden bisher von der Bundesbank auf dem Gebiet des Schuldenmanagements wahrgenommene Aufgaben schrittweise auf diese Gesellschaft verlagert. Die Bundesbank arbeitet beim Emissionsgeschäft mit der Finanzagentur eng zusammen. Ferner hat sie ein Teilnahmerecht an den Beratungen des Konjunkturrates (§ 18 V StWG) und arbeitet im Zentralen Kapitalmarkt-Ausschuss (ZKMA) mit. *[CMN]*

Deutsche Bundesbank, Organisationsstruktur

1. *Charakterisierung*: In der Organisationsstruktur der Deutschen Bundesbank spiegelt sich auch nach der Siebten Novelle des Bundesbankgesetzes (BBankG) vom 23.3.2002 (BGBl. I S. 1159) und der Achten Novelle vom 16.7.2007 (BGBl. I S. 1382) der Kompromiss wider, der bei Erlass des Gesetzes im Jahre 1957 gefunden wurde, zwischen einem zentralen und damit einstufigen Aufbau nach dem Vorbild der Reichsbank oder einem dezentralen, zweistufigen Aufbau in Anlehnung an das 1948 errichtete System der Bank deutscher Länder (BdL). Rechtlich ist die Bundesbank eine einheitliche Bank des Bundes mit regionalen Hauptverwaltungen. Ihr organisatorischer Aufbau weist dagegen immer noch föderative Elemente auf, was vor allem bei der Bestellung der Mitglieder des Vorstands deutlich wird.

2. *Organ(e)*: Die Eingliederung als nationale Zentralbank in das Europäische System der Zentralbanken änderte zunächst nichts an der Organisationsstruktur, wohl aber an der Aufgabenstellung des früheren Zentralbankrats der Deutschen Bundesbank. Erst mit der Siebten Novelle

des BBankG erfolgte eine grundlegende Veränderung: Einziges Organ ist seither der Vorstand (§ 7 BBankG); dieser trat an die Stelle des Direktoriums der Deutschen Bundesbank und des Zentralbankrates. Die regionalen Hauptverwaltungen (§ 8 BBankG) verloren ihre Bezeichnung als Landeszentralbanken, die Zweiganstalten wurden zu Filialen der Deutschen Bundesbank (§ 10 BBankG). Der Vorstand mit der Zentrale am Sitz der Bundesbank in Frankfurt a.M. hat die Stellung einer obersten Bundesbehörde, die Hauptverwaltungen und Filialen die von Bundesbehörden (§ 29 I BBankG). Ferner bestehen Beiräte bei den Hauptverwaltungen als beratende Gremien (§ 9 BBankG).

Deutsche Bundesbank Organisationsstruktur

Organ	Vorstand: – Präsident der Deutschen Bundesbank – Vizepräsident der Deutschen Bundesbank – sechs weitere Vorstandsmitglieder	
	Zentrale	**Regional**
	Repräsentanzen im Ausland	(9) Hauptverwaltungen – Präsident(en)
	Fachhochschule der Deutschen Bundesbank	Beiräte bei den Hauptverwaltungen
		Filialen

3. *Bestellung der Mitglieder des Vorstands:* Die Mitglieder des Vorstands werden für acht Jahre, ausnahmsweise auch für kürzere Zeit, mindestens jedoch für fünf Jahre bestellt. Dabei werden der Präsident, der Vizepräsident sowie ein weiteres Mitglied auf Vorschlag der Bundesregierung, die übrigen drei auf Vorschlag des Bundesrates im Einvernehmen mit der Bundesregierung bestellt; der Vorstand ist anzuhören (§ 7 III BBankG). Hier bleibt ein föderaler Charakter sichtbar.

4. *Betriebsorganisation:* Mit der Siebten Novelle zum BBankG ist eine Straffung und Verschlankung eingetreten; der Vorstand als Ganzes leitet und verwaltet die Bank, kann jedoch im Wege eines Organisationsstatuts Aufgaben auf die Hauptverwaltungen übertragen oder auch einzelne Angelegenheiten einem Mitglied zur eigenverantwortlichen Erledigung übertragen. Die Hauptverwaltungen unter Leitung eines dem Vorstand unterstehenden Präsidenten erfüllen die ihnen durch das Organisationsstatut oder per Gesetz (z.B. § 7 KWG) übertragenen Aufgaben. Ihnen nachgeordnet sind schließlich Filialen (früher: Zweiganstalten und -stellen), deren Aufbau nicht mehr explizit gesetzlich geregelt ist. Diese dritte Ebene soll weiterhin den engen Kontakt insbesondere zur Kreditwirtschaft aufrecht erhalten. *[CMN]*

Deutsche Bundesbank, Rechtsstellung

1. *Allgemein:* Nach § 2 BBankG ist die Deutsche Bundesbank eine „bundesunmittelbare juristische Person des öffentlichen Rechts". Mangels eindeutiger Einordnung in die klassischen Organisationsformen Körperschaft, Anstalt des öffentlichen Rechts oder Stiftung wird sie überwiegend als Einrichtung anstaltsähnlicher Art gekennzeichnet. Ihr Grundkapital beträgt 2,5 Mrd. Euro und steht dem Bund zu. An diesen ist daher auch der verbleibende Bundesbankgewinn (§ 27 Nr. 2 BBankG) abzuführen. Seit der Neufassung des § 2 S. 3 BBankG im Jahr 1991 ist der Sitz der deutschen Zentralbank endgültig Frankfurt a.M.

2. *Teil der Exekutive:* Die Bundesbank gehört zur vollziehenden Gewalt im Sinne der Artikel 1 III und 20 III GG. Trotzdem hat sie auch Befugnisse zum Erlass von Rechtsvorschriften, soweit sie der Gesetzgeber im Bundesbankgesetz, aber etwa auch im Außenwirtschaftsrecht damit ausgestattet hat (z.B. Anordnung von statistischen Erhebungen). Als Währungsbank und Notenbank der Bundesrepublik Deutschland (Artikel 88 GG) ist die Bundesbank bei Ausübung ihrer Befugnisse nach dem BBankG von Weisungen der Bundesregierung unabhängig (§ 12 S. 1 BBankG; Deutsche Bundesbank, Autonomie). Seit dem Eintritt in die dritte Stufe der Europäischen Wirtschafts- und Währungsunion am 1.1.1999 ist die Bundesbank, obwohl weiterhin nationale Zentralbank der Bundesrepublik Deutschland, integraler Bestandteil des Europäischen Systems der Zentralbanken (ESZB). Sie betreibt keine eigenständige Geldpolitik mehr, sondern handelt gemäß den Leitlinien und Weisungen der Europäischen Zentralbank (EZB), Artikel 14.3 ESZB-Satzung.

3. *Kaufmann und Kreditinstitut:* Die Bundesbank ist Kaufmann im Sinne des Handelsgesetzbuchs (HGB). Sie betreibt ein Handelsgewerbe nach § 1 HGB, wird aber nicht im Handelsregister eingetragen (§ 29 III BBankG). Ferner ist die Bundesbank Kreditinstitut im Sinne des KWG, unterliegt aber nicht den Bestimmungen dieses Gesetzes (§ 2 I Nr. 1 KWG), wirkt vielmehr selbst an der Bankenaufsicht mit (§ 7 KWG). Die Deutsche Bundesbank betreibt Bankgeschäfte nach § 1 KWG, und ist bei deren Ausführung grundsätzlich an die Bestimmungen des Privatrechts gebunden. Für den Geschäftsverkehr mit der Bundesbank gelten ihre Allgemeinen Geschäftsbedingungen. Für bestimmte Geschäftsarten gelten daneben besondere Bedingungen. Die AGB begründen keinen Anspruch auf die Vornahme bestimmter Geschäfte durch die Bundesbank; vielmehr behält sich diese ausdrücklich vor, bestimmte Geschäfte nach allgemeinen, insbesondere kreditpolitischen Gesichtspunkten nur in beschränktem Umfange oder zeitweilig gar nicht zu betreiben (Nr. I, 1 der AGB der Deutschen Bundesbank).

4. *Anteilseigner der EZB:* Die Bundesbank ist nach Artikel 28 ESZB-Satzung mit den anderen nationalen Zentralbanken der Eurozone am EZB-Kapital beteiligt; ihr Anteil am eingezahlten Kapital der EZB beträgt 25,56 Prozent (1,95 Mrd. Euro) und ist der größte Anteil des von den 19 am ESZB teilnehmenden Zentralbanken voll eingezahlten Kapitals. *[CMN]*

Deutsche Bundesbank, Veröffentlichungen

Amtliche Bekanntmachungen aufgrund gesetzlicher Anordnung sowie weitere Publikationen (Berichte, Kommentare, Informationen). Nach § 33 BBankG hat die Deutsche Bundesbank ihre für die Öffentlichkeit bestimmten Bekanntmachungen im Bundesanzeiger zu veröffentlichen; eine zusätzliche Publikation erfolgt in den „Mitteilungen der Deutschen Bundesbank". Neben dem Aufruf von Banknoten zur Einziehung (§ 14 II BBankG) sowie der Anordnung von Statistiken nach § 18 BBankG sind für die Öffentlichkeit bestimmt organisations- und personalrechtliche Vorschriften (vgl. § 7 I [Organisationsstatut], § 31 [Personalstatut] BBankG). Weitere Veröffentlichungspflichten bestehen für Bestellung und Ausscheiden der Mitglieder des Vorstands der Deutschen Bundesbank, für Stückelung und Unterscheidungsmerkmale der Banknoten, für den Jahresabschluss. Auch die Allgemeinen Geschäftsbedingungen der Deutschen Bundesbank werden im Bundesanzeiger bekannt gemacht. Die Bundesbank informiert das Publikum ferner über Art, Umfang, Zweck und Wirkungsweise ihrer Tätigkeiten sowie über die Ergebnisse der auf dem Gebiet des Kredit- und Geldwesens erhobenen Statistiken. Periodische Veröffentlichungen sind die jährlichen Geschäftsberichte der Deutschen Bundesbank, die Monatsberichte der Deutschen Bundesbank sowie Statistische Beihefte hierzu; zudem erstellt die Bundesbank jährlich einen Finanzstabilitätsbericht. *[CMN]*

Deutsche Mark (DM)

1. *Bundesrepublik Deutschland*: in Deutschland einschließlich West-Berlin (also ohne Beitrittsgebiet im Sinne des Einigungsvertrages) seit der Währungsreform von 1948 bis Ende 2001 gültige Währungseinheit. Eine Deutsche Mark (Abkürzung: DM oder D-Mark) war in 100 Pfennig (Abkürzung: Pf) eingeteilt. Seit *1.7.1990* war die Deutsche Mark die gemeinsame Währung von Bundesrepublik Deutschland und (damaliger) DDR, im Rahmen der von beiden Staaten gebildeten Währungsunion mit einem einheitlichen Währungsgebiet. Seit *1.1.1999* ist die Währung der an der Europäischen Wirtschafts- und Währungsunion (EWWU) teilnehmenden Mitgliedstaaten der Europäischen Union (EU) (unter ihnen die Bundesrepublik Deutschland) der Euro (1 Euro = 1.95583 DM), unterteilt in 100 Cent. Die DM blieb bis zur Anfang 2002 erfolgten vollständigen Ersetzung durch Euro-Bargeld nichtdezimale Untereinheit der neuen Währung.

2. *Deutsche Demokratische Republik*: in der DDR seit 1948 gültige Währungseinheit; offizielle Bezeichnung später „Mark der Deutschen Notenbank", seit 1968 „Mark der Deutschen Demokratischen Republik". *[CMN]*

Direktorium der Deutschen Bundesbank

Bis zum Inkrafttreten der Siebten Novelle des Bundesbankgesetzes (BBankG) am 1.5.2002 zentrales Exekutiv-Organ der Deutschen Bundesbank, nach § 7 BBankG a.F. bestehend aus dem Präsidenten und dem Vizepräsidenten der Zentralbank und bis zu sechs weiteren Mitgliedern. Daneben waren Landeszentralbanken (LZB) als regionale Hauptverwaltungen bei der Durchführung der Geldpolitik tätig. Seit der Gesetzesänderung besteht als einziges Organ nur noch der Vorstand der Deutschen Bundesbank (§ 7 BBankG n.F.), der diese juristische Person leitet und verwaltet. *[CMN]*

Diskontsatz

1. *Allgemein*: Zinssatz für Wechselkredite (Diskontkredit). Beim Wechselankauf durch Banken werden die anzukaufenden Wechsel mit dem im Kreditvertrag vereinbarten Zinssatz (Diskontsatz) entsprechend ihrer Laufzeit abgezinst. Dem Kreditnehmer (Wechseleinreicher) wird der Barwert des Wechsels gutgeschrieben. Bei Fälligkeit erfolgt die Rückzahlung durch den Zahlungspflichtigen zum Nennbetrag des Wechsels. Die Differenz zwischen Barwert und Nennbetrag wird als Diskont bezeichnet.

2. *Währungsrecht*: Bis zum 1.1.1999 wurde der Diskontsatz von der Deutschen Bundesbank festgelegt und galt neben dem Lombardsatz als Leitzinssatz der Geldpolitik. Mit Überleitung der geldpolitischen Befugnisse auf die Europäische Zentralbank (EZB) legt diese den Basiszinssatz fest, der den Diskontsatz ersetzt. Entsprechende nationale Überleitungsvorschriften enthält das Diskontsatz-Überleitungsgesetz (DÜG). *[LGR]*

Diskontsatz-Überleitungsgesetz (DÜG)

Als Artikel 1 des (Ersten) Euro-Einführungsgesetzes (EuroEG) vom 9.6.1998 (BGBl. I S. 1242) ergangene Rechtsvorschrift, die aus Anlass der Einführung des Euro (zum 1.1.1999) einen Basiszinssatz an die Stelle des bis dahin geltenden Diskontsatzes der Deutschen Bundesbank setzte, soweit dieser als Bezugsgröße für Zinsen und andere Leistungen verwendet wird. Durch Artikel 4 des Gesetzes vom 28.3.2002 (BGBl. I S. 1219, S. 1220) wurden das Diskontsatz-Überleitungsgesetz sowie die dazu ergangenen Ausführungs-Rechtsverordnungen aufgehoben (§ 1) und neue Zinssätze eingeführt (§ 2), nämlich außer dem Basiszinssatz (nach § 247 BGB) anstelle von FIBOR die Euro Interbank Offered Rate-Sätze (EURIBOR) für die Beschaffung von Sechsmonatsgeld von ersten Adressen in den EU-Teilnehmerstaaten, anstelle des Lombardsatzes der Bundesbank der Zinssatz der Spitzenrefinanzierungsfazilität der Europäischen Zentralbank (EZB) (SFR-Zinssatz) und statt des Zinsatzes für

Kassenkredite des Bundes der um 1,5 Prozentpunkte erhöhte Basiszinssatz nach § 247 BGB. Die einzelnen Vorschriften, in denen alte durch neue Zinssätze ersetzt werden, ergeben sich aus einer Rechtsverordnung des Bundesministers der Justiz vom 5.4.2002 (BGBl. I S. 1250). *[CMN]*

Einlagefazilität des ESZB

1. *Charakterisierung:* geldpolitisches Instrument des ESZB (Geldpolitik des ESZB) in Form von unbesicherten Einlagen der Geschäftspartner bei den nationalen Zentralbanken (NZB), das bei Einführung für den deutschen Geldmarkt ein Novum darstellte. Die Geschäftspartner können die Einlagefazilität des ESZB in Anspruch nehmen, indem sie der betreffenden nationalen Zentralbank zu einem beliebigen Zeitpunkt während des Geschäftstages einen Antrag zusenden und dabei die Höhe der Einlage im Rahmen dieser Fazilität angeben. Einlagen innerhalb dieses Rahmens sind bis zum nächsten Geschäftstag befristet; sie werden zu Beginn des folgenden Geschäftstages fällig. Der Zinssatz für Einlagen im Rahmen der Fazilität stellt einen offiziellen ESZB-Leitzins dar. Er wird von der Europäischen Zentralbank (EZB) im Voraus festgelegt und bekannt gegeben und als einfacher Zins nach der Eurozinsmethode (act/360) berechnet.

2. *Bedeutung:* Insgesamt bietet die Einlagefazilität des ESZB eine auskömmliche Basis für die nachfolgende Liquiditäts-Disposition und bedeutet als Gegenstück zur flexiblen Deckung eines Liquiditätsbedarfs durch die Spitzenrefinanzierungsfazilität des ESZB das ständige Angebot einer kurzfristigen zinstragenden Anlage von Liquiditätsüberschüssen bei der nationalen Zentralbank. Der Zugang zur Einlagefazilität ist bis 18.30 Uhr möglich, so dass zum Abschluss eines Geschäftstages der volle Überschuss disponiert werden kann. Die Einlagefazilität gehört zu den ständigen Fazilitäten des ESZB. *[ASH]*

Elektronischer Schalter der Deutschen Bundesbank (ELS)

1. *Begriff:* elektronisches Zugangsmedium und Bruttozahlungsverkehrssystem der Deutschen Bundesbank, das gemäß der Zweiten Bankrechtskoordinierungs-Richtlinie inländischen Kreditinstituten im Sinne des KWG und sonstigen Inhabern von Bundesbank-Girokonten

(öffentliche Verwaltungen, Wirtschaftsunternehmen) sowie ausländischen Banken im Wege des Fernzugangs (*Remote Access*) die schnelle und sichere Abwicklung des Zahlungsverkehrs ermöglichte.

2. *Entwicklung*: Der Elektronische Schalter (ELS) wurde 2001 durch das Echtzeitbruttozahlungsverkehrssystem RTGS^{plus} (*Real Time Gross Settlement*) abgelöst. Seit 19.11.2007 ist TARGET2 (*Trans-European Automated Real-time Gross Settlement Express Transfer*) als das Zahlungsverkehrssystem des Eurosystems an die Stelle des RTGS^{plus}-Systems der Bundesbank getreten. [CMN]

ESZB, Einheitliches Sicherheitenverzeichnis

1. *Charakteristik*: Gemäß Artikel 18.1 ESZB-Satzung sind für das Kreditgeschäft der Deutschen Bundesbank und der anderen nationalen Zentralbanken (NZB) innerhalb des Eurosystems ausreichende refinanzierungsfähige Sicherheiten zu stellen. Seit Errichtung des Europäischen Systems der Zentralbanken (ESZB) als Kern der Europäischen Wirtschafts- und Währungsunion zum 1.1.1999 nutzte das ESZB zwei verschiedene Arten, sogenannte Kategorie-1-Sicherheiten (K-1-Sicherheiten) und Kategorie-2-Sicherheiten (K-2-Sicherheiten). Im Mai 2004 hatte der EZB-Rat bekannt gemacht, den Sicherheitenrahmen des Eurosystems zu vereinheitlichen. In einem ersten Schritt wurde dieser 2005 um auf Euro lautende Schuldverschreibungen aus den USA, Japan, Kanada und der Schweiz erweitert, ab Anfang 2007 wurden Kreditforderungen im gesamten Euro-Währungsgebiet als Sicherheiten zugelassen.

2. *Inhalt*: Der neue Rahmen umfasst marktfähige (z.B. Schuldverschreibungen) sowie in engem Rahmen nicht marktfähige Sicherheiten (z.B. Kreditforderungen). In Bezug auf Qualität und Eignung hinsichtlich einzelner Kreditoperationen existieren zwischen marktfähigen und nicht marktfähigen Sicherheiten in der Regel keine Unterschiede. Beide Arten dürfen grenzüberschreitend im Eurosystem im Rahmen des sogenannten Korrespondenz-Zentralbank-Modells (Correspondent Central Bank

Model, CCBM) genutzt werden. Das ESZB behält sich jedoch vor, jederzeit einzelne Sicherheiten zur Besicherung von Kreditgeschäften auszuschließen; z.B. werden bei endgültigen Käufen und Verkäufen keine marktfähigen Sicherheiten verwendet. Einzelheiten zur Funktionsweise des Sicherheitenverzeichnisses sind in einer Leitlinie der EZB geregelt. Zur Risikokontrolle werden bei notenbankfähigen Sicherheiten Bewertungsabschläge in Abhängigkeit von Liquiditätskategorien, Restlaufzeiten und Verzinsungsarten sowie Schwankungsmargen angewendet. Geschäftspartner der nationalen Zentralbanken (NZB) im ESZB dürfen (mit Ausnahme gedeckter Bankschuldverschreibungen) keine Sicherheiten nutzen, die von ihnen selbst oder von mit ihnen eng verbundenen Stellen begeben beziehungsweise garantiert wurden. Außerdem müssen Sicherheiten den hohen Bonitäts-Anforderungen genügen, die das ESZB hierfür normiert hat. Quellen zur Beurteilung sind: externe Ratingagenturen, interne Bonitätsanalyseverfahren der nationalen Zentralbanken, interne Rating-Verfahren der Geschäftspartner und Ratingtools externer Anbieter. Der Bonitätsschwellenwert für notenbankfähige Sicherheiten entspricht grundsätzlich „BBB-" (Investment Grade). Das ESZB sieht als Äquivalent hierzu eine Ausfallwahrscheinlichkeit von 0,4 Prozent über einen Zeithorizont von einem Jahr an. Über die Website der EZB ist ein Verzeichnis marktfähiger Sicherheiten, welche die oben angegebenen Kriterien erfüllen, zugänglich, das täglich aktualisiert und dem Publikum am Vortag ab 18 Uhr (MEZ) zur Verfügung gestellt wird. Nicht marktfähige Sicherheiten beziehungsweise diesbezügliche Schuldner oder Garanten, welche die Anforderungen der Notenbankfähigkeit erfüllen, werden hingegen vom Eurosystem nicht veröffentlicht. [CMN]

Euro

Europäische Währungseinheit, die mit Inkrafttreten der Europäischen Währungsunion (EWU) zum 1.1.1999 als deren einheitliche Währung an die Stelle der bisherigen Währungen der Teilnehmerländer des Euro-Währungsgebietes trat. Für eine Übergangszeit vom 1.1.1999 bis

zum 31.12.2001 existierte der Euro nur als Buchgeld. Seit dem 1.1.2002
ist er in 19 der derzeit noch 28 Mitgliedstaaten der Europäischen Union
(Stand: 29.8.2019) gesetzliches Zahlungsmittel (sogenanntes Eurosystem). Die Kleinstaaten Monaco, Andorra, San Marino und Vatikanstadt
nutzen auf der Grundlage einer formellen Vereinbarung mit der Europäischen Gemeinschaft ebenfalls den Euro als gesetzliches Zahlungsmittel (assoziierte Euronutzer); auch in Montenegro und im Kosovo ist der
Euro das gesetzliche Zahlungsmittel (passive Euronutzer). Der Wert des
Euro selbst ist vom Maastrichter Vertrag in der Weise festgelegt worden, dass er dem Wert des ECU, das heißt der Europäischen Währungseinheit entsprach, die bereits bis dahin im Rahmen des Europäischen
Währungssystems (EWS) als Rechnungseinheit zur Abrechnung innerhalb der EU diente. Die technische Umstellung auf den Euro regeln die
Euro-Einführungsgesetze. *[HKU]*

Euro-Münzen

1. *Allgemein:* Münzen, die auf die einheitliche europäische Währung
Euro und deren Untereinheit Cent lauten (100 Cent entsprechen einem
Euro). Diese Geldzeichen sind seit 1.1.2002 gesetzliche Zahlungsmittel
in den Mitgliedstaaten des Eurosystems. Zur Ausgabe berechtigt sind
alle Mitgliedsländer der Europäischen Union (EU), die an der Endstufe
der Europäischen Wirtschafts- und Währungsunion teilnehmen (Eurosystem, Artikel 282 I 2 AEUV). Der Umfang der Ausgabe steht unter
einem Genehmigungsvorbehalt der Europäischen Zentralbank (Artikel
128 II AEUV).

2. *Stückelung und technische Merkmale* der für den Umlauf bestimmten Euro-Münzen hat der Rat der EU in der Verordnung Nr. 975/98 festgelegt. Die Nennwerte betragen 1, 2, 5, 10, 20 und 50 Cent sowie 1
und 2 Euro. Auf den Vorderseiten der Münzen erscheinen verschiedene
stilisierte Landkarten. Sie symbolisieren die Europäische Union als Teil
der Welt (1, 2, 5 Cent), den Zusammenschluss der europäischen Nationen (10, 20, 50 Cent) sowie den Verzicht auf Grenzen (1, 2 Euro). Die

Rückseiten zeigen nationale Motive. Auf den deutschen Euro-Münzen sind Eichenlaub (1, 2, 5 Cent), das Brandenburger Tor (10, 20, 50 Cent) und der Bundesadler (1, 2 Euro) zu sehen. *[CMN]*

Euro-Umrechnungskurse

Nach Maßgabe von Artikel 123 IV EGV alte Fassung wurden die unwiderruflich festen Umrechnungskurse für den Euro (in Bezug auf die Währungen der Teilnehmerländer am Eurosystem) vom Rat auf Vorschlag der Europäischen Kommission und nach Anhörung der Europäischen Zentralbank (EZB) am ersten Tag der dritten Stufe der Europäischen Wirtschafts- und Währungsunion, also am 1.1.1999, angenommen. Die Teilnehmerländer hatten sich am 2.5.1998 über das *Verfahren* zur Bestimmung der unwiderruflich festen Umrechnungskurse für den Euro ab Anfang 1999 dahin geeinigt, dass die zum 2.5.1998 im Europäischen Währungssystem (EWS) geltenden bilateralen Leitkurse der Währungen der Mitgliedstaaten der Europäischen Währungsunion (EWU) für die unwiderrufliche Festlegung der Umrechnungskurse für den Euro verwendet wurden. Diese Kurse entsprachen den wirtschaftlichen Grunddaten und wurden als mit einer dauerhaften Konvergenz der Wirtschaftsentwicklung der am Euro-Währungsgebiet teilnehmenden Mitgliedstaaten vereinbar erachtet. Die Zentralbanken derjenigen EU-Mitgliedstaaten, die den Euro als einheitliche Währung einführten, hatten mithilfe geeigneter Markttechniken sicherzustellen, dass die am Devisenmarkt am 31.12.1998 geltenden Kurse, die im Rahmen der regelmäßigen Konzertation zur Berechnung der Tageskurse der offiziellen ECU festgestellt wurden, den in der Übersicht „Euro-Umrechnungskurse" dargestellten Paritätengitter festgelegten bilateralen EWS-Leitkursen entsprachen. Für neu dem Euro-Währungsraum beitretende EU-Mitgliedstaaten gilt seit Dezember 2009 die Regelung des Artikels 140 III AEUV, wonach – nach Feststellung der Konvergenz (Artikel 140 I AEUV) – der Rat auf Vorschlag der Kommission und nach Anhörung der EZB den Kurs festlegt, zu dem die nationale Währung durch den Euro ersetzt wird.

Euro-Umrechnungskurse (Stand: 1.1.2018)

€	Währung
1	40,3399 BEF (Belgische Francs)
1	1,95583 DEM (Deutsche Mark)
1	15,6466 EEK (Estnische Kronen)
1	0,787564 IEP (Irische Pfund)
1	340,750 GRD (Griechische Drachmen)
1	166,386 ESP (Spanische Peseten)
1	6,55957 FRF (Französische Francs)
1	1936,27 ITL (Italienische Lire)
1	0,585274 CYP (Zypern-Pfund)
1	40,3399 LUF (Luxembourgische Francs)
1	0,429300 MTL (Maltesische Lire)
1	2,20371 NLG (Niederländische Gulden)
1	13,7603 ATS (Österreichische Schillinge)
1	200,482 PTE (Portugiesische Escudos)
1	239,640 SIT (Slowenische Tolar)
1	30,1260 SKK (Slowakische Kronen)
1	5,94573 FIM (Finnmark)
1	3,45280 LTL (Litauische Litas)
1	0,702804 LVL (Lettische Lats)

[CMN]

Euro, internationale Bedeutung

Im Hinblick auf seine Verwendung bei internationalen Handels-, Finanz-
und Reservetransaktionen erfüllt der Euro die Funktionen einer wichtigen internationalen Reserve- und Anlage-Währung, darüber hinaus ist
er eine wichtige Interventions- und internationale Transaktionswährung.
[ASH]

Euroisierung

In Anlehnung an den älteren Begriff der Dollarisierung gebrauchte
Bezeichnung für (partielle) Verwendung der Euro-Währung (Euro) durch
einen Staat, der weder der Europäischen Wirtschafts- und Währungsunion noch der Europäischen Union (EU) angehört, anstelle der eigenen
Weichwährung. Der Euro fungiert dann kraft autonomer Entscheidung
des betreffenden Staates als Bargeld und/oder Giralgeld im Gebiet dieses Drittlandes (insbesondere auf dem Balkan). *[CMN]*

Europäische Finanzstabilisierungsfazilität (EFSF)

Von den EU-Mitgliedstaaten im Mai 2010 aufgrund Beschlusses des
ECOFIN in Luxembourg errichtete Gesellschaft, die Finanzstabilität in
Europa dadurch sichern sollte, dass sie finanzielle Unterstützung (etwa
in Form von Krediten an Problem-Staaten) an Mitglieder der Eurozone
leistet (bis insgesamt 440 Mrd. Euro). Die EFSF durfte Mittel über Emission von Anleihen und anderen Schuldtiteln (Wertpapieren) an internationalen Finanzmärkten aufnehmen. Eine Deckung erfolgte durch Garan-
tien der Mitgliedsländer des Eurosystems entsprechend ihrer jeweiligen Anteile am Eigenkapital des ESZB. Die EFSF wurde 2013 durch den
Europäischen Stabilitätsmechanismus (ESM) abgelöst. *[LGR]*

Europäische Wirtschafts- und Währungsunion

Zusammenfassende Bezeichnung für geschichtliche Entwicklung und Gegenwart des Europäischen Binnenmarktes und des Euro in der Europäischen Union (EU). Der einheitliche Europäische Binnenmarkt existiert seit 1993, die einheitliche europäische Währung seit 1999. Von Beginn an war die politische Integration Europas nach dem 2. Weltkrieg auch mit der wirtschaftlichen und währungspolitischen Integration verbunden. So verpflichteten sich die Gründungsmitglieder der Europäischen Gemeinschaft in den Römischen Vertragen von 1957, die Wechselkurspolitik „als eine Angelegenheit des gemeinsamen Interesses" zu betrachten. 1970 wurde der sogenannte Werner-Plan, benannt nach dem damaligen luxembourgischen Finanzminister, vorgelegt. Er sah die stufenweise Verwirklichung einer Wirtschafts- und Währungsunion bis 1980 vor. Der Werner-Plan scheiterte aber an divergierenden Wirtschaftspolitiken im Anschluss an die erste Ölkrise und die Turbulenzen nach dem Ende des Bretton-Woods-Weltwährungssystems.

1972 beschloss der Ministerrat, die Schwankungsbreiten der damals sechs EG-Währungen untereinander auf ± 2,25 Prozent festzuschreiben. Damit war die sogenannte Währungsschlange geboren.

1979 wurde das Europäische Währungssystem (EWS) auf deutsch-französische Initiative gegründet. Kernelemente sind der Wechselkurs-, der Interventions- und der Kreditmechanismus. 1987 wurde das Ziel einer Währungsunion in der Einheitlichen Europäischen Akte (EEA) fixiert. 1989 wurde der sogenannte Delors-Bericht, benannt nach dem damaligen französischen Vorsitzenden der Europäischen Kommission, vom Europäischen Rat gebilligt. Der Delors-Bericht sah die Verwirklichung der Wirtschafts- und Währungsunion in drei Stufen vor. Im Dezember 1991 beschloss der Europäische Rat der Staats- und Regierungschefs die Realisierung der Wirtschafts- und Währungsunion bis spätestens 1999. 1994 wurde das Europäische Währungsinstitut (EWI)

mit Sitz in Frankfurt am Main als Vorläufer der Europäischen Zentralbank (EZB) gegründet. 1995 wurde der Name der Europawährung, Euro,
beschlossen.

Im Frühjahr 1998 wurden nach Prüfung der Konvergenzkriterien Belgien, die Bundesrepublik Deutschland, Finnland, Frankreich, Irland, Italien, Luxembourg, die Niederlande, Osterreich, Portugal und Spanien in
die Währungsunion aufgenommen. Die Konvergenzkriterien sahen ein
stabiles Preisniveau, stabile Wechselkurse, die Annäherung der langfristigen Zinssätze sowie die Sicherung der öffentlichen Budgetdisziplin
vor. Außerdem verpflichteten sich die genannten Staaten zu einem Sta-
bilitätspakt, der auch nach Beginn der Währungsunion die Defizite der
öffentlichen Haushalte begrenzen soll. Griechenland scheiterte zunächst
an den Konvergenzkriterien, trat aber 2001 dem Euroraum bei. Slowenien schloss sich dem Eurogebiet 2007 an. Zypern und Malta folgten
2008, die Slowakei trat dem Euroraum 2009 bei, weitere Teilnehmer sind
Estland, Lettland und Litauen. Dänemark, Großbritannien und Schweden verzichteten zunächst freiwillig auf die Teilnahme (sogenannte Opt-
ing-out-Klausel). Die Währungen dieser Staaten werden über das neue
Wechselkurssystem der Europäischen Union, den sogenannten Wechselkursmechanismus II, an den Euro gebunden.

Am 1.7.1998 nahm die Europäische Zentralbank in Frankfurt am Main
ihre Arbeit auf und löste das Europäische Wahrungsinstitut (EWI) ab.
Erster Präsident war der Niederländer Wim Duisenberg, ihm folgten
Jean-Claude Trichet (Frankreich) und 2011 Mario Draghi (Italien). Die
unwiderrufliche Fixierung der Umrechnungskurse der nationalen Währungen untereinander und gegenüber dem Euro am 1.1.1999 erfolgte
anhand der bilateralen Leitkurse des Europäischen Währungssystems.

Die europäische Korbwährung ECU verschwand und wurde im Verhältnis 1:1 gegen den Euro umgetauscht. Die Geldpolitik ging in die alleinige
Verantwortung des Europäischen Systems der Zentralbanken (ESZB)
mit der EZB als operativem Organ über. Seit Anfang 2002 ist der Euro

gesetzliches Zahlungsmittel in den (inzwischen 19) Mitgliedstaaten der EU, die den Euro eingeführt haben (sogenanntes Eurosystem). Bulgarien, die Tschechische Republik, Dänemark, Kroatien, Polen, Rumänien, Schweden, Ungarn und das Vereinigte Königreich sind Mitglieder der EU, nehmen aber zurzeit nicht an der gemeinsamen Währung teil. *[LGR]*

Europäische Zentralbank (EZB)

1. *Allgemein:* Die EZB wurde am 1.7.1998 als Nachfolgeinstitut des Europäischen Währungsinstituts (EWI) gegründet und trägt seit dem 1.1.1999 die alleinige Verantwortung für die Geldpolitik im Euro-Währungsraum (Eurosystem; Artikel 282 I 2 AEUV). Sie hat ihren Sitz in Frankfurt am Main. Die EZB steht an der Spitze des Europäischen Systems der Zentralbanken (ESZB), das sie gemeinsam mit den Nationalen Zentralbanken (NZB) der Euro-Mitgliedstaaten bildet (Artikel 282 I, II AEUV). Die EZB ist ein Organ der Europäischen Union (EU) (Artikel 13 I, III EUV); sie besitzt eigene Rechtspersönlichkeit, Artikel 282 III 1 AEUV. Einzelheiten zu Organisation, Aufgaben und Rechtsstellung sind außer im AEUV (Artikel 127 - 132 sowie Artikel 282 - 284 AEUV) in der Satzung des ESZB geregelt. Als erster Präsident der EZB wurde der Niederländer Wim Duisenberg vom Europäischen Rat ernannt. Seither folgten als Präsidenten Jean-Claude Trichet (1.11.2003 - 31.10.2011) sowie Mario Draghi (seit 1.11.2011). Infolge ihrer Rechtspersönlichkeit kann die EZB eigene Rechtsakte (insbesondere Verordnungen, Beschlüsse gemäß Artikel 132 AEUV) erlassen, die der Kontrolle durch den Europäischen Gerichtshof unterliegen. Zur Wahrnehmung ihrer Aufgaben darf die EZB statistische Daten in den EU-Mitgliedstaaten erheben und veröffentlichen.

2. *Struktur:* Die EZB verfügt über zwei Entscheidungsorgane: den Rat der EZB (kurz: EZB-Rat) und das Direktorium der EZB. Während der EZB-Rat die Richtlinien (Leitlinien) der Geldpolitik bestimmt, ist das Direktorium verantwortlich für deren operative Umsetzung. Dem EZB-Rat gehören der Präsident, der Vizepräsident sowie die vier weiteren Mitglieder

des Direktoriums der EZB und die Präsidenten der Nationalen Zentralbanken an (Artikel 283 AEUV). Im Rat sind die Präsidenten der NZB gegenüber den sechs Direktoriumsmitgliedern der EZB in der Mehrheit. Jedes Ratsmitglied hat eine Stimme, sofern es im Rahmen des sogenannten Rotationssystems (Artikel 10.2 ESZB-Satzung) stimmberechtigt ist. Bei Stimmengleichheit gibt der Präsident den Ausschlag. Nur bei Entscheidungen über die Gewinnverteilung ist eine Zweidrittelmehrheit der gewichteten Stimmen der nationalen Zentralbankpräsidenten vorgesehen. Die Direktoriumsmitglieder haben in diesem Fall kein Stimmrecht. Die gewichteten Stimmen richten sich wiederum nach den Kapitalanteilen der NZB an der EZB. Die Deutsche Bundesbank verfügt über den größten Anteil am eingezahlten Kapital mit 18,36 Prozent, gefolgt von der Banque de France mit 14,20 Prozent. An den Ratssitzungen können ein Mitglied der Europäischen Kommission sowie der Präsident des Rates der europäischen Finanz- und Wirtschaftsminister (Ecofin) teilnehmen. Als Folge ihrer Unabhängigkeit dürfen die EZB und die Mitglieder ihrer Beschlussorgane keine Weisungen von Organen oder Institutionen der EU, Regierungen der Mitgliedstaaten oder anderer Stellen einholen oder entgegennehmen (Artikel 130 AEUV). Neben dem Rat der EZB existiert der erweiterte EZB-Rat, dem auch die Notenbankpräsidenten der EU-Staaten angehören, die bisher noch nicht der Europäischen Wirtschafts- und Währungsunion beigetreten sind (sogenannte Pre-Ins). Der erweiterte EZB-Rat hat nur beratende Funktionen.

3. Der Maastrichter Vertrag (über die Europäische Union) garantiert die *politische Unabhängigkeit der EZB*. Vorrangiges Ziel der EZB ist die Sicherung der Preisniveaustabilität (Geldwertstabilität). Die EZB muss die Wirtschaftspolitik der Mitgliedstaaten unterstützen, wenn dadurch das Ziel der Preisniveaustabilität nicht gefährdet wird (Artikel 127 I AEUV). Die wechselkurspolitischen Kompetenzen sind geteilt. Der Ministerrat entscheidet mit qualifizierter Mehrheit über das Wechselkurssystem (Artikel 219 AEUV), während die EZB die laufende Wechselkurspolitik betreibt. Auch hier gilt der Vorbehalt, dass die EZB die Wechselkurse

nur so lange verteidigen muss, wie die Preisniveaustabilität nicht gefährdet ist. Dem Binnenwert des Euro wird im Konfliktfall damit größere Priorität eingeräumt als seinem Außenwert.

4. *Geldpolitik*: Zur Erfüllung ihrer geldpolitischen Hauptaufgabe (Artikel 127 II, 1. Spiegelstrich AEUV), die vom Ziel der Preisstabilität dominiert wird (Artikel 127 I 1 AEUV), verfolgt die EZB eine 2-Säulen-*Strategie*, bestehend aus einem direkten Inflationsziel (wirtschaftliche Analyse) in Verbindung mit einem indirekten Geldmengenziel (monetäre Analyse). Das wichtigste geldpolitische Instrument der EZB sind Offenmarktgeschäfte des ESZB in Form von Pensionsgeschäften oder Pfandkrediten. Zwei ständige Fazilitäten markieren die Ober- und Untergrenze der Geldmarktzinsen. Die Spitzenrefinanzierungsfazilität des ESZB, die es den Geschäftsbanken ermöglicht, sich über Nacht mit Liquidität zu versorgen, markiert die Obergrenze der Geldmarktsätze. Demgegenüber bildet der Zinssatz für die Einlagefazilität des ESZB der Geschäftsbanken bei der EZB die Untergrenze am Geldmarkt. Die Spitzenrefinanzierungs- und die Einlagefazilitätszinsen entsprechen den in der Bundesrepublik Deutschland bis zur Währungsunion üblichen Diskont- und Lombardsätzen. Die EZB verfügt auch über das Instrument der Mindestreserve. Allerdings wird diese (anders als in der Praxis der Deutschen Bundesbank) verzinst, und zwar in Höhe der regelmäßigen Wertpapierpensionssätze. Auf die Finanz- (2008) und Euro-Staatsschuldenkrise (2010) reagierte die EZB mit der Kombination aus verschiedenen geldpoltischen Maßnahmen (Zinssenkungen, Bereitstellung zusätzlicher Liquidität, Verlängerung von Kreditlaufzeiten und Absenkung der Sicherheitenstandards), vor allem offenmarktpolitische Refinanzierungsgeschäfte, die intensiv eingesetzt und teilweise verstetigt wurden. Nach Artikel 128 I AEUV fungiert die EZB auch als Notenbank, da ihr das alleinige Recht der Emission der Banknoten im ESZB obliegt. Im Hinblick auf die Ausgabe von Münzen durch die Mitgliedstaaten steht ihr eine Genehmigungsbefugnis zu.

5. *Weitere Aufgaben und Funktionen:* Neben der Geldpolitik hat die EZB die Aufgabe, die Devisentransaktionen durchzuführen, die übertragenen Währungsreserven zu verwalten sowie das reibungslose Funktionieren des europäischen Zahlungsverkehrs (Artikel 127 II, 2. - 4. Spiegelstrich AEUV) mithilfe des Großbetragszahlungssystems TARGET2 sicherzustellen. Die EZB unterbreitet mindestens einmal jährlich dem Europäischen Parlament, dem Europäischen Rat sowie der Europäischen Kommission einen Bericht über ihre Tätigkeit. Seit der Finanz- und Euro-Staatsschuldenkrise wurden der EZB weitreichende Aufgaben im Bereich der europäischen Finanzaufsicht übertragen. Im Rahmen des Einheitlichen Aufsichtsmechanismus (SSM), als erste Säule der Bankenunion errichtet durch VO (EU) Nr. 1024/2013 (vom 15.10.2013, ABl. EU L 287, 63), führt die EZB seit November 2014 die direkte Aufsicht über ca. 120 bedeutende („signifikante") Kreditinstitute in der Eurozone; auf diese Institute entfallen mehr als 80 Prozent der Bilanzsumme aller beaufsichtigten Kreditinstitute. Zwar ist der SSM auch für die Aufsicht über alle übrigen Kreditinstitute in den SSM-Ländern zuständig, doch werden diese Institute in der Regel von den nationalen Behörden (z.B. BaFin) direkt beaufsichtigt. Der SSM ist organisatorisch der EZB zugeordnet. Höchstes Entscheidungsgremium des SSM ist der Supervisory Board, der seinerseits an den EZB-Rat berichtet. In dem 2016 als zweite Säule der Bankenunion errichteten Einheitlichen Abwicklungsmechanismus (SRM) nimmt die EZB beratende Funktionen wahr, besitzt aber keine Entscheidungsbefugnisse; diese obliegen dem Single Resolution Board (SRB). Seit 2011 ist zudem der European Systemic Risk Board (ESRB), errichtet durch VO (EU) Nr. 1092/2010 (vom 24.11.2010, ABl. EU L 331, 1), ein unabhängiges Gremium der EU, dem die makroprudenzielle Überwachung von Systemrisiken in der EU obliegt, bei der EZB angesiedelt. *[CMN]*

Europäischer Stabilitätsmechanismus (ESM)

Engl. *European Financial Stabilisation Mechanism* (EFSM); im Mai 2010 durch Verordnung des Ministerrats der EU Nr. 407/2010 als Teil eines größeren Sicherheitsnetzes ("Euro-Rettungsschirm") getroffene Vorkehrung, über die an Mitgliedstaaten des Eurosystems, die sich in Zahlungsbilanzschwierigkeiten befinden, von der Europäischen Kommission seitens dieses EU-Organs (beziehungsweise der Europäischen Union [EU]) zuvor auf internationalen Finanzmärkten aufgenommene Mittel weitergereicht werden können. Dies erfolgt auf Basis eines makroökonomischen Programms des Unterstützung begehrenden Landes; strikte Konditionalität soll dadurch gesichert werden, dass daneben auch Mittel der Europäischen Finanzstabilisierungsfazilität (EFSF) sowie des Internationalen Währungsfonds (IWF) eingesetzt werden und die Hilfe im Rahmen der "Troika" koordiniert wird. Im März 2011 beschloss der EU-Ministerrat eine vereinfachte Änderung des AEUV in Form der Ergänzung des Artikels 136 um einen dritten Absatz; danach werden die EU-Mitgliedstaaten, deren Währung der Euro ist, ermächtigt, einen Stabilitätsmechanismus (das heißt den ESM) einzurichten, der aktiviert wird, wenn dies unabdingbar ist, um die Stabilität des Euro-Währungsgebiets insgesamt zu wahren. Die Gewährung von Finanzhilfen darf insoweit nur unter strengen Auflagen erfolgen. Die Regelung trat nach Ratifizierung des betreffenden Vertrags durch alle EU-Mitgliedstaaten 2013 in Kraft und löste EFSF sowie den bisherigen EFSM ab. *[LGR]*

Europäischer Währungsfonds

Ende 2017 von der EU-Kommission vorgeschlagene Einrichtung der Europäischen Union (EU), die an die Stelle des bisherigen Europäischen Stabilitätsmechanismus (ESM) treten und zudem weitere Aufgaben im Rahmen der Europäischen Bankenunion, vor allem im Einheitlichen Abwicklungsmechanismus erfüllen soll. *[LGR]*

Europäisches System der Zentralbanken (ESZB)

Aus der Europäischen Zentralbank (EZB) und nationalen Zentralbanken (NZB) der EU-Mitgliedstaaten bestehende Struktur von Einrichtungen (Artikel 282 I 1 AEUV). Die EZB und die NZBen, deren Währung der Euro ist, bilden das Eurosystem (Artikel 282 I 2 AEUV). Die NZBen sind Bestandteil des ESZB und handeln (sofern sie dem Eurosystem angehören) in Einklang mit Leitlinien und Weisungen der Beschlussorgane der EZB. Im Gegensatz zur EZB und zu den NZBen hat das ESZB keine eigene Rechtspersönlichkeit. Nach Artikel 127 II AEUV, der nur für die Teilnehmerländer am Eurosystem gilt, besteht das vorrangige Ziel des ESZB in der Gewährleistung der Preisstabilität (Artikel 127 I AEUV). Die grundlegenden Aufgaben des ESZB beinhalten: die Geldpolitik der Union festzulegen und auszuführen, Devisengeschäfte im Einklang mit Artikel 219 AEUV durchzuführen, die offiziellen Währungsreserven der Mitgliedstaaten zu halten und zu verwalten und das reibungslose Funktionieren der Zahlungsverkehrssysteme zu fördern.

Das ESZB wird von den beiden Beschlussorganen der EZB, nämlich dem Direktorium der EZB und dem EZB-Rat, geleitet (Artikel 282 II 1 AEUV). *[CMN]*

Europäisches Währungsinstitut (EWI)

1994 auf der Grundlage von Artikel 117 EGV a.F. gegründete Vorläuferinstitution der Europäischen Zentralbank, im Rahmen der zweiten Stufe zur endgültigen Errichtung der Europäischen Wirtschafts- und Währungsunion. *[CMN]*

Europäisches Währungssystem (EWS)

1. *Charakterisierung*: 1979 eingeführtes System für eine engere währungspolitische Zusammenarbeit in der Europäischen Union (EU) mit dem Ziel, eine stabile Währungszone in Europa zu schaffen, das heißt

vor allem die Schwankungen zwischen den Wechselkursen der beteiligten Währungen zu verringern. Mit Beginn der Europäischen Wirtschafts- und Währungsunion am 1.1.1999 hat das EWS aufgehört zu existieren. Seither werden die Wechselkursbeziehungen zwischen den 19 Staaten der EU, die an der Europäischen Währungsunion teilnehmen (Eurosystem, Artikel 282 I 2 AEUV), und den nicht teilnehmenden EU-Mitgliedstaaten, als Wechselkursmechanismus II (WKM II) bezeichnet (manchmal auch als EWS II). Am WKM II nimmt derzeit nur Dänemark teil; eine Teilnahme der übrigen EU-Mitgliedstaaten ist offen (Bulgarien, Kroatien, Polen, Rumänien, Tschechische Republik, Ungarn) oder wird (wie von Dänemark und Großbritannien) nicht angestrebt. Das EWS beruhte auf verschiedenen Rechtsakten, vor allem auf einem Abkommen zwischen den Zentralbanken der EG-Mitgliedstaaten vom 13.3.1979. Vorläufer des EWS war der 1972 geschaffene Europäische Wechselkursverbund ("Währungsschlange").

2. *Wechselkurs- und Interventionsmechanismus:* Zentrales Element des EWS war ein System fester, aber anpassungsfähiger Leitkurse von Währungen zueinander (bilaterale Leitkurse), z.B. 100 FF = 29,191 DM; gegenüber Währungen dritter Länder schwankten hingegen die Wechselkurse frei (Blockfloating, Gruppenfloating). Die Festlegung der bilateralen Leitkurse ergab ein Paritätengitter, und es wurden so automatisch auch ECU-Leitkurse fixiert (z.B. 1 ECU = 1,953 DM). Um die bilateralen Leitkurse bestanden bis zum 2.8.1993 Bandbreiten von ± 2,25 Prozent als Regel und ± 6 Prozent als Ausnahme; Letzteres war zeitweise für die italienische sowie für die spanische und portugiesische Währung der Fall. Das Unterbleiben gesamtwirtschaftlich angezeigter Leitkursanpassungen führte im September 1992 zum Ausscheiden Großbritanniens und Italiens (Wiedereintritt am 25.11.1996) aus dem EWS-Wechselkursmechanismus. Erneute massive spekulative Attacken Mitte 1993 gaben dann Anlass zu einer allgemeinen Erweiterung der Bandbreiten auf ± 15 Prozent. Jedoch hielten die Niederlande und die Bundesrepublik Deutschland im bilateralen Verhältnis ihrer Währungen an der "alten"

Marge von ± 2,25 Prozent fest. Innerhalb der Bandbreiten durften die Wechselkurse der beteiligten Währungen am Devisenmarkt schwanken, ohne dass die Zentralbanken zum Eingreifen verpflichtet waren. Erreichten die Marktkurse die oberen oder unteren Interventionspunkte zwischen zwei oder mehr EWS-Währungen, wurde eine Interventionspflicht der betroffenen Zentralbanken ausgelöst. Ende 1998 nahmen mit Ausnahme von Großbritannien und Schweden alle EU-Mitgliedstaaten am Wechselkursmechanismus teil. *[CMN]*

European Banking Authority (EBA)

Anfang 2011 als Teil des Europäischen Systems für die Finanzaufsicht (ESFS) als Nachfolger des Committee on European Banking Supervisors (CEBS) durch Verordnung Nr. 1093/2010 errichtete Stelle, die zwar keine zentrale supranationale beziehungsweise europäische Bankenaufsichtsbehörde darstellt, der aber über die Aufgabe als Forum der Kooperation nationaler Aufsichtsbehörden hinaus auch diverse Entscheidungs- und Empfehlungsbefugnisse übertragen sind, die sich auf den gesamten Bereich des bisher vor allem durch Richtlinien näher geregelten und harmonisierten EU-Bankrechts beziehen. Neben der Europäischen Zentralbank (EZB) ist die EBA auch eine wichtige Einrichtung im Rahmen der Europäischen Bankenunion. *[LGR]*

European Systemic Risk Board

Im Rahmen des Europäischen Systems für die Finanzaufsicht (ESFS) Anfang 2011 auf der Basis von zwei EU Verordnungen – Nr. 1092/2010, 1096/2010 – errichteter Europäischer Ausschuss für Systemrisiken (Abkürzung ESRB). Zentrale Aufgabe dieser unabhängigen EU-Einrichtung, die bei der Europäischen Zentralbank (EZB) angesiedelt ist und dort ihr Sekretariat hat, ist die makroprudenzielle Überwachung des Finanzsystems innerhalb der Europäischen Union (EU). Durch rechtzeitiges Erkennen makroökonomischer Entwicklungen und Tendenzen soll der ESRB zur Verhütung oder zumindest Milderung von systemischen Risiken für die finanzielle Stabilität beitragen. *[LGR]*

Eurosystem

Kurzbezeichnung für das Europäische System der Zentralbanken (ESZB), die erstmals von der Europäischen Zentralbank (EZB) im konsolidierten Wochenausweis der Europäischen Zentralbank für den Euro-Währungsraum verwendet wurde. Gemäß Artikel 282 I 2 AEUV umfasst das Eurosystem die EZB und die nationalen Zentralbanken (NZB) der Mitgliedstaaten, deren Währung der Euro ist. Bei seiner Errichtung gehörten zum Euro-Währungsgebiet die elf EU-Mitgliedstaaten, die den Euro entsprechend den Bestimmungen des Maastricht-Vertrags zur Errichtung der Europäischen Wirtschafts- und Währungsunion aufgrund des Beschlusses der Tagung der Minister der EU in Brüssel am 2.5.1998 als einheitliche Währung zum 1.1.1999 einführten (Belgien, Deutschland, Finnland, Frankreich, Irland, Italien, Luxembourg, Niederlande, Österreich, Portugal und Spanien). Hinzu kamen bis heute weitere acht Staaten (2001: Griechenland, 2007: Slowenien, 2008: Malta und Zypern, 2009: Slowakei, 2011: Estland, 2014: Lettland, sowie 2015: Litauen). Die (noch) nicht teilnehmenden neun EU-Mitgliedstaaten (Bulgarien, Kroatien, Polen, Rumänien, Schweden, Tschechische Republik und Ungarn sowie mit speziellen Regelungen Dänemark und Großbritannien) werden als Pre-Ins bezeichnet. *[CMN]*

EZB-Rat

1. *Begriff:* zentrales Beschlussorgan der Europäischen Zentralbank (EZB), bestehend aus den sechs Mitgliedern des Direktoriums der EZB und den Präsidenten der nationalen Zentralbanken (NZBen) der EU-Mitgliedstaaten, die sich am Euro-Währungsraum beteiligen (Artikel 283 I AEUV). Jedes Mitglied des EZB-Rats hat eine Stimme. Seitdem die Anzahl der

Ratsmitglieder 21 übersteigt, erfolgt die Verteilung der Stimmrechte der nationalen Zentralbankpräsidenten nach einem Rotationssystem (Artikel 10.2 ESZB-Satzung).

2. *Aufgaben:* Der EZB-Rat erlässt Leitlinien (*guidelines*) und Entscheidungen, die notwendig sind, um die Erfüllung der dem ESZB nach dem AEUV und der Satzung übertragenen Aufgaben zu gewährleisten; er formuliert die einheitliche Geldpolitik, gegebenenfalls einschließlich der Beschlüsse in Bezug auf geldpolitische Zwischenziele, Leitzinsen und die Bereitstellung von Zentralbankgeld im ESZB, und erlässt die für die Umsetzung notwendigen Regelungen.

3. Ein weiteres Organ der EZB ist der *Erweiterte Rat*, dem der Präsident und der Vizepräsident der EZB sowie die Präsidenten der NZBen aller EU-Mitgliedstaaten angehören, einschließlich derjenigen, die nicht am Euro-Währungsraum teilnehmen (Artikel 141 AEUV). Der Erweiterte Rat nimmt die Aufgaben wahr, die sich daraus ergeben, dass nicht alle EU-Mitgliedstaaten von Anfang an am Euro-Währungsraum beteiligt sind; im Einzelnen hat er diejenigen Aufgaben des Europäischen Währungsinstituts (EWI) übernommen, die weiterhin erfüllt werden müssen, und berät bei den Vorbereitungen für die Aufhebung von Ausnahmeregelungen, insbesondere bei der unwiderruflichen Festsetzung der Wechselkurse der Währungen der Länder, die dem Euro-Währungsraum beitreten. *[LGR]*

F

Falschgeld

Nach der Begriffsbestimmung in § 36 I BBankG nachgemachte oder verfälschte Banknoten oder Münzen (Falsifikate). Für den Umgang mit Falschgeld gelten die Regelungen des Strafrechts über Geld- und Wertzeichenfälschung. *[LGR]*

Falsifikat

Ge- oder verfälschtes Geldzeichen oder Wertpapier; Ergebnis einer in der Regel strafbaren Geld- und Wertzeichenfälschung. *[LGR]*

Feinsteuerungsoperationen des ESZB

1. *Charakterisierung*: neben Hauptrefinanzierungsgeschäften des ESZB und längerfristigen Refinanzierungsgeschäften des ESZB als Basisrefinanzierung innerhalb der Geldpolitik des ESZB weiteres Offenmarktinstrument. Aufgabe der Feinsteuerungsoperationen des ESZB ist es, durch unerwartete Liquiditätsschwankungen hervorgerufene Fluktuationen der Geldmarktzinssätze zu dämpfen.

2. *Instrumente zur Durchführung*: befristete Transaktionen, definitive Käufe beziehungsweise Verkäufe, Devisenswap-Geschäfte und Hereinnahme von Termineinlagen, wobei im Wesentlichen befristete Transaktionen eingesetzt werden sollen. Aufgrund des teilweise erratischen Charakters von Liquiditätsschwankungen muss der Instrumenteneinsatz sehr flexibel und kurzfristig realisierbar sein. Sowohl über den Zeitpunkt als auch über die Dauer des Instrumenteneinsatzes wird daher operativ entschieden. Die Abwicklung erfolgt in der Regel über die nationalen Zentralbanken. Liquiditätszuführende befristete Transaktionen werden vorzugsweise im Schnelltender-Verfahren abgewickelt, liquiditätsabsolvierende befristete Transaktionen dagegen mithilfe von bilateralen Geschäften. Sollte der EZB-Rat es für geboten halten, können im Rahmen der Feinsteuerung befristete Transaktionen als bilaterale Geschäfte auch direkt von der Europäischen Zentralbank (EZB) durchgeführt

werden. Liquiditätsbereitstellung und -abschöpfung können auch über *Devisenswapgeschäfte* realisiert werden. Zur Liquiditätsabschöpfung können schließlich auch *Termineinlagen* hereingenommen werden. Für diese gelten eine feste Laufzeit und ein fester Zinssatz. Die Hereinnahme erfolgt in der Regel durch die nationalen Zentralbanken im Schnelltenderverfahren (ausnahmsweise auch über bilaterale Geschäfte), wobei die Termineinlagen auf Konten bei den nationalen Zentralbanken gehalten werden, auch dann, wenn die Geschäfte in Abweichung von der Regel zentral durch die EZB durchgeführt werden. *[ASH]*

Filialen der Deutschen Bundesbank

1. Nach der deutschen Einigung vorübergehend in den neuen Bundesländern errichtete spezielle Organisationseinheiten der Deutschen Bundesbank (im Unterschied zu den Hauptverwaltungen [früher: Landeszentralbanken]) in den alten Bundesländern).

2. In Nachfolge der früheren Zweiganstalten der Bundesbank tätige Organisationseinheiten, die der jeweils örtlich zuständigen Hauptverwaltung unterstehen (§ 10 BBankG), deren Errichtung und Schließung aber nach der Regelung im Organisationsstatut der Bundesbank in die Zuständigkeit des Vorstands der Deutschen Bundesbank fallen. Dort ist auch festgelegt, inwieweit die Filialen der Deutschen Bundesbank die Aufgaben der Zweiganstalten, nämlich insbesondere Versorgung mit Bargeld und Abwicklung des bargeldlosen Zahlungsverkehrs, weiterführen. Die Zahl der Filialen ist rückgängig und beträgt 2018 weniger als 50. *[CMN]*

Finanzdienstleistungsaufsichtsgesetz

Kurzbezeichnung des Bundesgesetzes vom 22.4.2002 (BGBl. I S. 1310) über die Bundesanstalt für Finanzdienstleistungsaufsicht (BaFin) (kurz: FinDAG), als wichtigster Teilregelung (Artikel 1) des Gesetzes über die integrierte Finanzdienstleistungsaufsicht, dessen übrige Artikel im

Wesentlichen in zahlreichen Rechtsvorschriften die Bezeichnung der Anstalt (BaFin) an die Stelle der durch sie seit 1.5.2002 ersetzten drei Ämter (Bundesaufsichtsamt für das Kreditwesen, Bundesaufsichtsamt für den Wertpapierhandel, Bundesaufsichtsamt für das Versicherungswesen) einsetzen. Ziel der Zusammenlegung der drei Ämter war es, in Reaktion auf die sich ändernden, zunehmend sektorübergreifenden Finanzmärkte eine einheitliche Allfinanzaufsicht zu schaffen, bei der die Bündelung von Kompetenzen zu größerer Effizienz führt. Eine inhaltliche Änderung der maßgeblichen sektorspezifischen Aufgaben und Befugnisse (Kreditwesengesetz, Wertpapierhandelsgesetz usw.) war damit nicht verbunden. Das FinDAG regelt darüber hinaus Errichtung, Beaufsichtigung und Aufgaben der BaFin (§§ 1-4), deren Organisation (§§ 5-8), Personal (§§ 9-11), Haushalt, Rechnungslegung und Deckung der Aufsichtskosten (§§ 12-13) sowie Gebühren für ihre Amtshandlungen, eine Umlage für anderweitig nicht gedeckte Kosten und die Zulässigkeit der Zwangsmittel zur Durchsetzung von Verwaltungsakten der BaFin (§§ 14-17). Im Bereich des Fünften Abschnitts wurden seither eine Vielzahl neuer Vorschriften eingeführt (§§ 16a-16q) beziehungsweise geändert (§§ 15, 16, 17); die Gesetzesnovellen (insbesondere Gesetz zur Stärkung der deutschen Finanzaufsicht vom 28.11.2012, BGBl. I S. 2663; EMIR-AusführungsG vom 13.2.2013, BGBl. I S. 174; AIFM-UmsG vom 4.7.2013, BGBl. I S. 1981 sowie FMSANeuOG vom 23.12.2016, BGBl. I S. 3171) dienten zumeist der Überführung von EU-Rechtsakten in die nationale Rechtsordnung. Seit 1. Januar 2018 fungiert die BaFin (anstelle der bislang zuständigen FMSA) als nationale Abwicklungsbehörde (§ 4 I 5 FinDAG) im SRM, dem Einheitlichen Europäischen Abwicklungsmechanismus (dazu SAG vom 10.12.2014, BGBl. I S. 2091). *[CMN]*

Forward guidance

Ursprünglich in den USA (seitens des FED) eingesetztes informelles Instrument von Zentralbanken, in Form der Ankündigung bevorstehender neuer Maßnahmen beziehungsweise der Änderung oder Beendigung bisher praktizierter Transaktionen der Geldpolitik; von der Europäischen Zentralbank (EZB) etwa im Rahmen ihres Asset Purchase Programme verwendet. *[LGR]*

Fremdwährungsschuld

1. *Begriff/Charakterisierung:* Geldschuld, deren Betrag in einer ausländischen Währung ausgedrückt und zu erfüllen ist (echte Fremdwährungsschuld, § 244 I BGB); sowohl Schuld- als auch Zahlungswährung sind also die eines fremden Währungsgebiets. Eine unechte Fremdwährungsschuld darf dagegen kraft vertraglicher oder gesetzlicher Bestimmung auch durch Zahlung in inländischer Währung getilgt werden; fremd ist nur die Schuldwährung. Zur Zahlung in Euro ist der Geldschuldner im Fall eines inländischen Zahlungsortes aufgrund von § 244 BGB berechtigt; die Umrechnung erfolgt zu dem am Zahlungstag maßgeblichen Wechselkurs. Der Gläubiger kann dieses Recht des Schuldners durch einen Effektivvermerk ausschließen.

2. *Genehmigungspflicht:* Die Eingehung von Fremdwährungsschulden gebietsfremden Gläubigern gegenüber ist nicht mehr genehmigungspflichtig (wie nach § 49 I AWG alte Fassung). Gemäß § 1 I Preisklauselgesetz (vom 7.9.2007, BGBl. I S. 2246) darf zwar in der Regel der Betrag von Geldschulden nicht unmittelbar und selbsttätig durch den Preis oder Wert von anderen Gütern oder Leistungen bestimmt werden, die mit dem vereinbarten Gütern oder Leistungen nicht vereinbar sind. Von diesem Indexierungsverbot ausgenommen ist aber der Geld- und Kapitalverkehr, einschließlich der Finanzinstrumente im Sinne des § 1 XI KWG sowie hierauf bezogene Pensionsgeschäfte und Darlehensgeschäfte; ausgenommen sind ferner Verträge gebietsansässiger Kaufleute (Kaufmann) mit Gebietsfremden. *[CMN]*

© Springer Fachmedien Wiesbaden GmbH, ein Teil von Springer Nature 2020
L. Gramlich et al. (Hrsg.), *180 Keywords Geld- und Währungsrecht*,
https://doi.org/10.1007/978-3-658-28297-4_7

Gedenkmünzen

1. *Begriff*: vornehmlich für Sammler bestimmte Geldzeichen, die aus Anlass bedeutsamer Jahrestage oder Ereignisse geprägt werden. In einigen Staaten gibt es Gedenkmünzen auch aus Edelmetall, Gold oder Platin.

2. In der *Bundesrepublik Deutschland* wurden von 1952–1979 5-DM-Gedenkmünzen aus Silber, von 1979–1986 aus einer Kupfer-Nickel-Legierung hergestellt. Daneben gab es 1969–1972 10-DM-Silber-Gedenkmünzen zu den Olympischen Spielen 1972. Seit 1987 wurden nur noch Gedenkmünzen mit einem Nennwert von 10 DM herausgegeben. Sie bestanden zunächst aus einer Silberlegierung, seit 1998 aus Sterlingsilber 925/1000. Der Verkauf der Gedenkmünzen erfolgte über die Bundeswertpapierverwaltung, Verkaufsstelle für Sammlermünzen der Bundesrepublik Deutschland in Bad Homburg. Wie andere Scheidemünzen waren Gedenkmünzen in der Bundesrepublik Deutschland (beschränkte) gesetzliche Zahlungsmittel. Als Sondermünzen waren sie zum Umlauf zwar geeignet (wenn auch nicht automatentauglich), aber nicht gebräuchlich. 2001 wurde zum Andenken an die Deutsche Mark eine 1-DM-Goldmünze ausgegeben.

3. *Euro-Währungsraum*: Der Bund ist gemäß Artikel 128 II 1 AEUV in Verbindung mit Artikel 2 der Verordnung (EG) 975/98 (vom 3.5.1998, ABl. L 139, 6, Neufassung durch VO [EU] Nr. 729/2014 vom 24.6.2014, ABl. L 194, 1) ermächtigt, auf Euro lautende Gedenkmünzen und deutsche Euro-Münzen in Sonderausführung zu prägen. Über Nennwerte, Gestaltung und technische Merkmale entscheidet die Bundesregierung im Benehmen mit der Deutschen Bundesbank. Deutsche Euro-Gedenkmünzen und -Sondermünzen sind grundsätzlich nur im Ausgabeland umlauffähig (beschränkte gesetzliche Zahlungsmittel). Davon zu unterscheiden sind sogenannte zum Umlauf bestimmte 2-Euro-Gedenkmünzen, die nach einer Entscheidung des Rates im gesamten Euro-Währungsraum als gesetzliche Zahlungsmittel fungieren. *[CMN]*

Geld

1. Begriff:

a) *Allgemeines:* vom Staat (als gesetzliches Zahlungsmittel) bestimmtes und vom Verkehr allgemein (als Wertmaßstab und Recheneinheit) anerkanntes Tauschmittel. Geld hat sich historisch gesehen vom Warengeld über das durch den Stoffwert der Münzen bestimmte Metallgeld zu stoffwertlosem Papiergeld und dem heute im Vordergrund stehenden Buchgeld (Giralgeld) entwickelt.

b) Im *ökonomischen Sinne* ist Geld alles, was Geldfunktionen erfüllt. Eine hoch entwickelte Volkswirtschaft benötigt ein Medium, das den Austausch von Gütern in jeder beliebigen Menge ermöglicht. Geld hat daher zwei Primärfunktionen: Es ist allgemeines Tauschmittel, weil es den Naturaltausch ersetzt, und abstrakter Wertmesser, der in zweckmäßige Recheneinheiten zerlegt ist. In Geld kann der Wert (und Preis) von Sachgütern und Dienstleistungen ausgedrückt werden. Dies ist die entscheidende Voraussetzung dafür, dass einzel- und gesamtwirtschaftliche Rechnungen (Bilanzen, Gewinn- und Verlustrechnungen, Volkswirtschaftliche Gesamtrechnung) aufgestellt werden können. Geld ist ferner Wertübertragungs- und Wertspeicherungsmittel. Wirtschaftssubjekte (Personen, Unternehmen) können im Kreditwege Kaufkraft durch Geld auf andere Wirtschaftssubjekte übertragen. Sie können aber auch Kaufkraft für sich aufbewahren. Die meisten Leistungsverpflichtungen werden in Geld ausgedrückt (Geldschulden). Geld ist ein Schuldtilgungsmittel; es kann diese Tilgungsfunktion aber nur erfüllen, wenn es durch hoheitliche Anordnung mit Annahmezwang (gegenüber dem Gläubiger) ausgestattet ist. Daraus leitet sich auch die Eigenschaft des Geldes als gesetzliches Zahlungsmittel ab. Neben Geld gibt es Quasigeld (*Near Money*), z.B. hochliquide kurzfristige Termin- und Spareinlagen. In dieser Form der Wertaufbewahrung können sie der Optimierung der Kassenhaltung dienen, sind jederzeit ohne große zeitliche Verzögerungen und Umwandlungskosten in Bargeld oder Buchgeld umwandelbar und werden daher auch in bestimmter Weise in die Geldmengenberechnungen einbezogen. Bei *elektronischem Geld* (E-Geld) handelt es sich um einen elektronisch gespeicherten monetären Wert in Form einer Forderung gegen die ausgebende Stelle (Artikel 2 Nr. 2 RL [EG] 2009/110 vom 16.9.2009, ABl. L 267, 7; novellierte E-Geld-RL). E-Geld im Sinne dieses EU-Rechtsaktes ist als Zahlungsmittel in der Europäischen Union (EU) anerkannt, die Zahlung zivilrechtlich als Leistung erfüllungshalber einzuordnen. Hingegen stellen Bitcoins oder ähnliche Gegenstände lediglich eine private elektronische Rechnungseinheit dar, die kein gesetzliches Zahlungsmittel ist; die Bezeichnung als „virtuelle Währung" oder „Kryptowährung" ist daher missverständlich.

c) Jeder Staat hat die Aufgabe sicherzustellen, dass Geld seine Funktionen erfüllen kann. Er schafft eine Geldordnung (Währungsordnung beziehungsweise Geldverfassung) kraft seiner Währungshoheit (in der Bundesrepublik Deutschland nach Artikel 73 I Nr. 4 GG); diese basiert auf der Regelung des Notenausgabemonopols und des Münzregals.

2. *Geldeinheit (Währungseinheit):* Mit der gesetzlich geschaffenen Geldordnung wird auch die Geldeinheit festgesetzt. In der Bundesrepublik Deutschland war das früher die Deutsche Mark als Geldeinheit der DM-Währung. Vom 1.1.1999 bis 31.12.2001 war die Deutsche Mark nur noch nichtdezimale Untereinheit der Euro-Währung. Seit dem 1.1.2002 ist der Euro alleiniges gesetzliches Zahlungsmittel in allen Mitgliedstaaten des Eurosystems.

3. *Geldversorgung:* Dem Staat obliegt auch, für eine ausreichende Geldversorgung der Wirtschaft zu sorgen. Die entsprechenden Aufgaben und Befugnisse sind inzwischen für 19 von 28 EU-Mitgliedstaaten auf das Europäische System der Zentralbanken (ESZB) übergegangen (Artikel 128 AEUV). Indem der Staat (oder ein Staatenverbund wie die EU) für Wertbeständigkeit des Geldes sorgt (Geldwertstabilität), wird die Erfüllung der Geldfunktionen gesichert. Nach Hyperinflationen stellt sich

daher die Aufgabe, durch eine Währungsreform eine Neuordnung des Geldwesens zur Wiederherstellung der Geldfunktionen zu bewirken.

4. *Geldarten:*

a) Nach dem Kriterium *„Geldproduzent"* wird zwischen Zentralbankgeld und Bankengeld unterschieden. Zentralbankgeld ist das durch die Zentralbank geschaffene Geld: Bar- und Buchgeld; nur ersteres ist gesetzliches Zahlungsmittel. Bankengeld ist das von Kreditinstituten geschaffene Buchgeld.

b) Nach dem Kriterium *„Annahmezwang"* wird zwischen obligatorischem und fakultativem Geld unterschieden. Gesetzliche Zahlungsmittel sind obligatorisches Geld. Buchgeld als nichtgesetzliches Zahlungsmittel ist fakultatives Geld. Bei obligatorischem Geld wird zwischen Geld mit unbeschränktem Annahmezwang (= Banknoten) und Geld mit beschränktem Annahmezwang (= Münzen) unterschieden. Dem Annahmezwang des Gläubigers einer Geldschuld entspricht das Recht des Schuldners, mit gesetzlichen Zahlungsmitteln eine Schuld mit schuldbefreiender Wirkung zu tilgen. Fakultativem Geld kann ebenso wie den Geldersatzmitteln durch Vertrag eine Tilgungsfunktion zuerkannt werden. Wirtschaftlich bedeutsam sind auch ausländisches Bargeld und (unter Inkaufnahme einer gewissen Einschränkung der Tauschmittelfunktion) internationale Rechnungseinheiten, wie (früher) ECU und Sonderziehungsrechte (des IWF).

5. *Schutz des Geldes durch die Rechtsordnung:* Da nur wertstabiles Geld seine Funktionen erfüllen kann, enthält die Geldordnung Regelungen zum Schutz des Geldes. In der Bundesrepublik Deutschland war die Erhaltung der Geldwertstabilität früher durch § 3 BBankG als Hauptaufgabe der Deutschen Bundesbank normiert. Diese Aufgabe ist am 1.1.1999 auf das ESZB übergegangen, dessen integraler Bestandteil die Bundesbank seither ist. Das ESZB ist dem vorrangigen Ziel der Preis(niveau)-stabilität verpflichtet (Artikel 127 I 1 AEUV), das heißt der Sicherung des Binnenwertes der einheitlichen Währung. Geldvermögen

genießt wie jedes Vermögen verfassungsrechtlichen Eigentumsschutz (Artikel 14 GG). Jedoch kann der einzelne Vermögensinhaber im Falle einer durch inflationäre Entwicklung bedingten Geldwertverschlechterung keine Entschädigung vom Staat verlangen, da hier ein allgemeiner, alle Inhaber von Geldvermögen in gleicher Weise treffender Nachteil eintritt. Das Vertrauen des Zahlungsverkehrs in die Echtheit der umlaufenden Zahlungsmittel wird geschützt, indem Geld- und Wertzeichenfälschungen mit einer erheblichen Strafandrohung belegt sind. Kreditinstitute im Sinne des KWG unterliegen ebenso wie die Bundesbank der Pflicht zum Anhalten von Falschgeld (§ 36 BBankG).

6. Abkürzung für Geldkurs (Bid). *[CMN]*

Geld- und Wertzeichenfälschung

1. *Begriff:* Nachmachen oder Verfälschen (Hervorrufen des Anscheins eines höheren Wertes) von Geld, geldähnlichen (amtlichen) Wertzeichen, wie z.B. Briefmarken, Gerichtskostenmarken) und Wertpapieren. Diese Handlungen sind durch verschiedene Rechtsvorschriften unter Strafe gestellt.

2. *Strafgesetzbuch:*

– Nachmachen oder Verfälschen von in- oder ausländischem Geld (§ 146 I in Verbindung mit § 152 StGB), amtlichen in- oder ausländischen Wertzeichen (§ 148 I in Verbindung mit § 152 StGB) sowie bestimmten Wertpapieren (Inhaberschuldverschreibungen und Orderschuldverschreibungen, die Teile einer Gesamtemission sind, Aktien, Investmentzertifikate, Zinsscheine, Dividendenscheine und Erneuerungsscheine [Talons] sowie Reiseschecks mit bestimmter Summenangabe schon im Wertpapiervordruck, § 151 StGB) in der Absicht, das Geld beziehungsweise die Wertzeichen oder Wertpapiere als echt in den Verkehr zu bringen oder ein solches Inverkehrbringen zu ermöglichen (§ 146 I Nr. 1 StGB);

- Sichverschaffen von falschem Geld, falschen Wertzeichen oder falschen Wertpapieren in der genannten Absicht (§ 146 I Nr. 2 StGB);

- Inverkehrbringen von falschem Geld, falschen Wertzeichen oder falschen Wertpapieren als echt (§ 146 I Nr. 3, § 147 StGB);

- Verschaffen oder Anfertigung von Fälschungsmitteln (Platten, Formen, Drucksätzen usw.) zur Vorbereitung von Fälschungen (§ 149 StGB);

- Wiederinverkehrbringen von Falschstücken nach Erkennung der Unechtheit (§ 147 StGB);

- Fälschen von Zahlungskarten, Schecks und Wechseln (§ 152a StGB);

- Fälschen von Zahlungskarten mit Garantiefunktion (eurocheque-Karten) und Vordrucken von eurocheques (ec) (§ 152b StGB). In allen genannten Fällen sind die Falschstücke gemäß § 150 StGB einzuziehen (§§ 74 ff. StGB).

3. *Bundesbankgesetz:* § 35 BBankG stellt auch die unbefugte Ausgabe und Verwendung geldähnlicher Zeichen (Marken, Münzen und Scheine oder andere Urkunden, die geeignet sind, im Zahlungsverkehr anstelle der gesetzlich zugelassenen Geldzeichen verwendet zu werden) sowie von unverzinslichen Inhaberschuldverschreibungen (auch wenn diese nicht auf Euro lauten) unter Strafe. Damit soll verhindert werden, dass „Nebengeld" oder „Ersatzgeld" in den Zahlungsverkehr gelangt. Von großer praktischer Bedeutung ist die Pflicht zum Anhalten von Falschgeld sowie unbefugt ausgegebenen Geldzeichen und Schuldverschreibungen (im Sinne von § 35 BBankG), welche der Deutschen Bundesbank und allen Kreditinstituten im Sinne des KWG auferlegt ist (§ 36 I BBankG in Verbindung mit Artikel 6 I VO (EG) 1338/2001 vom 28.6.2001, ABl. L 181, 6). Die Falschstücke sind mit einem Bericht der Polizei zu übergeben. Kreditinstitute müssen hiervon der Bundesbank Mitteilung machen (§ 36 II BBankG). Als Falschgeld verdächtigte Banknoten und Münzen sind der Bundesbank zur Prüfung vorzulegen. Stellt diese die Unechtheit

fest, so übersendet sie das Falschgeld mit einem Gutachten der Polizei und benachrichtigt die anhaltende Bank (§ 36 III BBankG). Unbefugt ausgegebene Gegenstände im Sinne von § 35 BBankG können eingezogen werden. Sie werden wie das nach § 150 StGB eingezogene Falschgeld von der Bundesbank mindestens zehn Jahre lang aufbewahrt (§ 37 BBankG).

4. *Gesetz über Ordnungswidrigkeiten:* Gemäß §§ 127, 128 OWiG stellen die Herstellung oder Verwendung von Sachen, die zur Geld- oder Urkundenfälschung benutzt werden können, sowie das Herstellen oder Verbreiten von papiergeldähnlichen Drucksachen und Abbildungen eine Ordnungswidrigkeit dar, falls diese Abbildungen mit echtem Geld verwechselt werden können. Eine Ordnungswidrigkeit begeht auch, wer ungültig gewordene Scheidemünzen nachmacht oder verfälscht oder derartige Münzen zum Verkauf vorrätig hält, in den Verkehr bringt oder in das Bundesgebiet einführt (§§ 11, 12 MünzG).

5. *Urheberrecht:* Der Bundesbank standen und der Europäischen Zentralbank stehen die Urheberrechte an ihren Banknoten zu. *[CMN]*

Geldersatzmittel

Geldsurrogat; sogenanntes Hilfszahlungsmittel, das im Wirtschaftsverkehr Bargeld oder Giralgeld (jeweils Zahlungsmittel) ersetzen soll. Im weiteren Sinne gehören dazu bestimmte Wertmarken, Gutscheine, Briefmarken und Schuldscheine, im engeren Sinne kaufmännische Anweisung und Wechsel. Der Scheck ist kein Geldersatzmittel, sondern Verfügungsmittel über Buchgeld, setzt also Buchgelddeckung (kreditorisch oder debitorisch) voraus. *[CMN]*

Geldpolitik des ESZB

1. *Begriff:* Gesamtheit aller Maßnahmen des Europäischen Systems der Zentralbanken (ESZB) zur Erreichung der von ihm verfolgten (makroökonomischen) Ziele. Vorrangiges Ziel ist Preisstabilität. Darüber hinaus

hat das ESZB die Aufgabe, die allgemeine Wirtschaftspolitik der Europäischen Union (EU) zu unterstützen, soweit dies ohne Beeinträchtigung des Ziels der Preis(niveau)stabilität möglich ist.

2. *Geldpolitische Strategie:*

a) *Grundlagen:* Zwischen dem Einsatz geldpolitischer Instrumente und ihren Wirkungen auf das Preisniveau steht ein komplexer, in seinen Einzelheiten nicht eindeutig geklärter Transmissionsmechanismus. Geldpolitische Impulse wirken erst mit einer zeitlichen Verzögerung auf die Zielgrößen, wobei weder die Länge dieser zeitlichen Verzögerung noch die Wirkungsstärke des Impulses genau eingeschätzt werden können. Die Geldpolitik ist eine komplexe Aufgabe. Aus Sicht des ESZB erfordert diese Komplexität einen klaren, handlungsgestaltenden Rahmen, das heißt eine geldpolitische Strategie, mit der zweierlei bezweckt wird: Erstens soll für die EZB ein konsistenter Rahmen geschaffen werden, innerhalb dessen geldpolitische relevante Informationen gesammelt, analysiert und in entsprechende Entscheidungen transformiert werden. Zweitens soll mit der Festlegung auf eine Strategie die Geldpolitik für die Öffentlichkeit nachvollziehbar beziehungsweise vorhersehbar werden, um so Glaubwürdigkeit zu schaffen. Für das ESZB bedeutet dies einerseits, dass die Öffentlichkeit über das vorrangige Ziel der Geldpolitik Preisniveaustabilität und über den Zielerreichungsgrad informiert werden muss. Es bedeutet andererseits, dass die Öffentlichkeit auch darüber informiert werden muss, auf welchem Weg das ESZB das Ziel der Preisniveaustabilität erreichen will. Den so beschriebenen Anforderungen versucht das ESZB mit einer Strategie Rechnung zu tragen, die davon ausgeht, dass das wichtigste Ziel der Geldpolitik quantifiziert und der Öffentlichkeit bekannt gegeben werden muss. Das ESZB bezeichnet seine Strategie als Zwei-Säulen-Strategie. Die eine Säule umfasst die breite Analyse realwirtschaftlicher und monetärer Indikatoren. Die andere Säule umfasst die Analyse monetärer Aggregate, wie der Geldmenge M3 und ihrer Gegenpositionen. Während die EZB zunächst die Begriffe „erste Säule" und „zweite Säule" verwendet hat, vermeidet sie

diese Bezeichnungen heute, um den Eindruck einer Rangfolge zu vermeiden. Auffällig ist aber, dass in den Editorials der Monatsberichte früher
zunächst die monetären Aggregate diskutiert wurden (erste Säule) und
danach die anderen Indikatoren (zweite Säule), während jetzt die umgekehrte Reihenfolge gilt.

b) *Zielquantifizierung:* Der EZB-Rat quantifiziert das Ziel der Preisniveaustabilität unter Rückgriff auf den Harmonisierten Verbraucherpreis-
index (HVPI). Das Preisstabilitätsziel wird dann als erreicht angesehen,
wenn der HVPI für die Eurozone um weniger als zwei Prozent pro Jahr
ansteigt, wobei aber eine Inflationsrate von dicht unter zwei Prozent
angestrebt wird. Die EZB betont, dass sie das so quantifizierte Preisstabilitätsziel als mittelfristiges Ziel betrachtet. Ein kurzfristiger Anstieg der
Veränderungsrate des HVPI über zwei Prozent wird demnach nicht automatisch als Zielverletzung betrachtet. Dass als Ziel keine Inflationsrate
von null Prozent angestrebt wird, hängt mit der generellen Unschärfe der
Erfassung der Inflationsrate, mit einer möglichen Übertreibungstendenz
des verwendeten Index und mit einem gewünschten Abstand zur Defla-
tion zusammen. Die EZB vermeidet die Angabe einer präzisen Zielinfla-
tionsrate, weil die Geldpolitik mit der punktgenauen Ansteuerung einer
vorgegebenen Preissteigerungsrate überfordert wäre.

c) *Mittelfristige Orientierung:* Die EZB betrachtet das Preisstabilitätsziel
als mittelfristiges Ziel. Es gibt eine Vielzahl von Gründen für kurzfristige Schwankungen des Preisniveaus, die nicht im monetären Bereich
liegen und für die das ESZB keine Verantwortung trägt. Dies können
Änderungen im fiskalpolitischen Bereich sein (z.B. Erhöhungen der
indirekten Steuern) oder Angebotsschocks (z.B. Erhöhung von Roh-
stoffpreisen, zu hohe Lohnabschlüsse). Nach Auffassung des EZB-Rates würde eine kurzfristige Reaktion auf solche Störungen nicht nur
das geldpolitische Instrumentarium überfordern, sondern auch zu
einer Verstärkung der Unsicherheiten bei den Marktteilnehmern beitragen, was bei einer mittelfristig ausgerichteten Geldpolitik vermut-
lich nicht der Fall wäre. Zur umfassenden Beurteilung der künftigen

Preisentwicklung beziehungsweise der Risiken für die Preisstabilität wird eine breite Palette von Indikatoren herangezogen. Genannt werden unter anderem als Vorlaufindikatoren für die Preisentwicklung: Löhne, Wechselkurs, Anleihekurse, Zinsstruktur, fiskalpolitische Indikatoren, Preis- und Kostenindizes sowie Branchen- und Verbraucherumfragen. Die Entwicklung dieser und weiterer Indikatoren wird vom EZB-Rat im Einzelnen in Hinblick auf ihre Aussagen über die zukünftige Preisentwicklung analysiert. Darüber hinaus werden auch die zahlreichen Inflationsprognosen, die von internationalen, öffentlichen und privaten Institutionen erstellt werden, in den Beurteilungsprozess mit einbezogen. Das Ergebnis dieser Einschätzungen soll ebenso wie der Weg, auf dem man zu dem Ergebnis gelangt ist, der Öffentlichkeit zeitnah und vollständig erläutert werden. Das ESZB geht davon aus, dass auf diese Weise die Glaubwürdigkeit seiner stabilitätsorientierten geldpolitischen Strategie am besten gefördert wird und damit das Ziel der Preisstabilität auch am ehesten zu erreichen ist.

3. *Instrumente*: Die Geldpolitik greift auf drei Arten von Instrumenten zurück: Offenmarktpolitik des ESZB, ständige Fazilitäten des ESZB sowie Mindestreservepolitik des ESZB.

4. *Beurteilung*: Im Vergleich der Ziele des ESZB mit denen der Deutschen Bundesbank wird sichtbar, dass Preisniveaustabilität noch stärker in den Vordergrund getreten ist. Aus verschiedenen Veröffentlichungen der EZB kann man ersehen, dass Preisniveaustabilität nicht nur als vorrangiges Ziel betrachtet wird, sondern auch die Auffassung besteht, dass zumindest langfristig die anderen wirtschaftspolitischen Ziele der EU am ehesten durch die Erhaltung der Preisstabilität befördert werden können. In diesem Sinne vertritt die EZB eine neoklassische Grundposition. Wie das Verhalten des ESZB seit Beginn der Finanzmarkt-, Wirtschafts- und Staatsschuldenkrise zeigt, ist eine einfache Zuordnung zu einem makroökonomischen Paradigma nicht möglich. *[ASH]*

Geldschuld

1. *Allgemein:*

a) Begriff: Verpflichtung eines Schuldners, einem Gläubiger ein Quantum an Vermögensmacht zu verschaffen, das durch den Nennbetrag der Verbindlichkeit ausgedrückt wird (Wertverschaffungsschuld). Geldschuld ist *nicht* gesetzlich definiert.

b) *Formen:* Schulden in eigener Währung und Fremdwährungsschulden; die Festlegung kann Schuldinhalt (Schuldwährung) oder Art der Erfüllung (Zahlungswährung) betreffen. Nach Art der Leistung wird zwischen Geldsummenschuld und Geldwertschuld unterschieden.

c) *Erfüllung:* Geldschulden werden durch Verschaffung von Besitz und Eigentum des Gläubigers an Geldzeichen der geschuldeten Art und Menge erfüllt. Scheidemünzen müssen nur bis zu bestimmten Beträgen angenommen werden; sie sind beschränkt gesetzliche Zahlungsmittel. Erfüllung der Geldschuld und nicht bloß Leistung an Erfüllungs statt (§ 364 I BGB) ist auch die Leistung von Giralgeld zugunsten eines Kontos des Gläubigers zumindest bei größeren Beträgen (ab ca. 500 Euro), sofern keine andere Art der Zahlung (mit Bargeld) vereinbart ist.

2. *Geldschuld im grenzüberschreitenden Verkehr:* Geldschuld, international. *[LGR]*

Geldschuld, international

Geldschuld, die eine im Inland ansässige Person einem Gebietsfremden gegenüber eingeht. Aufgrund des Fehlens international rechtsverbindlich anerkannter Zahlungsmittel (mit Ausnahme des Euro in den Mitgliedstaaten des Eurosystems) ist es Sache der jeweiligen Vertragsparteien, die Währung(en) zu bestimmen, in der eine Verbindlichkeit fixiert wird (Schuldwährung) und/oder in der die Erfüllung zu erfolgen hat (Zahlungswährung). *[LGR]*

Geldsortenschuld

Geldschuld, die sich auf eine bestimmte Münzsorte, das heißt auf Geldzeichen als Geld im engeren Sinne, bezieht. Solange sich die betreffenden Münzen im Umlauf befinden, ist die Geldsortenschuld eine Sachschuld, regelmäßig eine Gattungsschuld (§ 243 I BGB). Sind die geschuldeten Münzen zur Zeit der Leistung nicht mehr im Umlauf, gilt die Geldsorte als nicht festgelegt, das heißt es kann in einer beliebigen noch im Umlauf befindlichen und gültigen Geldsorte geleistet werden (§ 245 BGB) *[CMN]*

Geldsummenschuld

Geldschuld, bei der die Leistung des Schuldners von Beginn an in ihrem Nennbetrag zumindest bestimmbar ist. Für Geldsummenschulden gilt der Grundsatz des Nominalismus. Gegen das Risiko einer Inflation kann sich der Gläubiger mit Wertsicherungsklauseln behelfen. *[LGR]*

Geldwertklauseln

Vertragliche Abrede, durch die der Gläubiger einer Geldforderung den Geldwert der ihm geschuldeten Leistung gegen Verschlechterung schützen will. Ein Gläubiger mit (Wohn-)Sitz im selben Währungsgebiet wie sein (Geld-)Schuldner kann dem Kaufkraftrisiko durch Vereinbarung (Vertrag) einer Wertsicherungsklausel begegnen, auch wenn die inländische Währung Schuldwährung ist. Bei grenzüberschreitenden Geldverbindlichkeiten zwischen Gebietsansässigen (Inländern) oder gegenüber Gebietsfremden (Ausländern) tritt das Valutarisiko als weiteres Geldwertrisiko hinzu. Zu dessen Kompensierung können Kursklauseln verwendet werden: Neben Währungsklauseln nehmen Rechnungseinheiten, z.B. Sonderziehungsrechte (SZR), diese Funktion wahr. *[CMN]*

Geldwertschuld

Geldschuld, deren Umfang durch den Zweck der Verpflichtung und nicht schon bei Begründung des Schuldverhältnisses bestimmt wird. Geldwertschulden folgen dem Prinzip des Valorismus. Veränderungen des Geldwertes beeinflussen die Verpflichtung des Schuldners, solange deren Umfang noch nicht betragsmäßig festgelegt ist. *[LGR]*

Geldzeichen

1. *Charakterisierung:* bewegliche Sachen (Banknoten und Münzen), denen ein Staat (oder eine internationale Organisation wie die Europäische Union [EU]) die Eigenschaft von Zahlungsmitteln verliehen hat. Geldzeichen dienen zu dem jeweils aufgedruckten oder aufgeprägten Nennwert als allgemeine Tauschmittel. Die Festlegung eines Annahmezwangs ist üblich, für die Einordnung als Geldzeichen aber nicht zwingend. Zum Zahlungsmittel werden Geldzeichen oft bereits mit der Bekanntmachung ihrer bevorstehenden Ausgabe, spätestens jedoch mit dem Inverkehrbringen durch den Emittenten. Dies erfolgt für Euro-Banknoten durch Auszahlung an den Kassen der Deutschen Bundesbank oder bei Scheidemünzen bei deren Übereignung an die Bundesbank zum Zwecke der Weiterleitung in den Zahlungsverkehr (§ 7 MünzG). Die Auszahlung von Banknoten hat eine zweifache Wirkung: Zum einen verschafft sie dem Empfänger das Eigentum an den Noten, zum anderen erhalten diese Gegenstände spätestens mit diesem Vorgang ihre rechtliche Eigenschaft als (gesetzliches) Zahlungsmittel. Durch Rückübereignung an den Emittenten büßen Banknoten und Münzen ihre Zahlungsmitteleigenschaft nicht ein, vielmehr geschieht dies nur durch weitere rechtliche Maßnahmen oder tatsächliche Vorgänge, etwa durch Notenaufruf zur Einziehung beziehungsweise Außerkurssetzung von Münzen (§ 14 BBankG, §§ 8, 9 MünzG), durch die der Emittent generell bestimmte Geldzeichen (z.B. alle 10-Euro-Banknoten) nach dem Ablauf einer im Bundesanzeiger, für Münzen auch im Bundesgesetzblatt bekannt gemachten Frist außer Kraft setzen kann. Nach Ablauf dieser

Frist verkörpern Geldzeichen nur noch wertloses Papier oder Metall. Die Bundesbank tauscht aber die aufgerufenen (DM-)Banknoten bisher ohne zeitliche Begrenzung um. Außerdem bleibt es dem Gesetzgeber unbenommen, umlaufenden Banknoten und Münzen ihre Zahlungsmitteleigenschaft unmittelbar abzuerkennen, so z.b. bei einer Währungsreform oder durch das DM-Beendigungsgesetz zum 31.12.2001. Wird ein Geldzeichen so stark beschädigt, dass seine Umlauffähigkeit beeinträchtigt ist, so ist es auch kein gesetzliches Zahlungsmittel mehr. Der Inhaber kann jedoch unter bestimmten Voraussetzungen Ersatz vom Emittenten erlangen. Durch völlige Vernichtung erlischt die Zahlungsmitteleigenschaft ebenfalls.

2. *Übertragung:* Geldzeichen werden als bewegliche Sachen durch Einigung und Übergabe übereignet (§ 929 BGB). Sie genießen im Unterschied zu anderen beweglichen Sachen einen stärkeren Verkehrsschutz, weil beim gutgläubigen Erwerb von einem Nichtberechtigten Eigentum an gestohlenem Geld erworben werden kann (§ 935 II BGB), auch bei ausländischen Banknoten und Münzen.

3. *Entschädigungsregelung:* Um Missbrauch vorzubeugen, ist die ausgebende Stelle grundsätzlich nicht verpflichtet, für vernichtete, verlorene, verfälschte oder ungültig gewordene Geldzeichen Ersatz zu leisten.

4. *Strafrechtlicher Schutz* erfolgt durch Bestimmmungen zu Geld- und Wertzeichenfälschung. *[CMN]*

Geschäftsbedingungen der Deutschen Bundesbank

Vorformulierte Vertragsbedingungen der Deutschen Bundesbank für den Geschäftsverkehr mit Kreditinstituten im Sinne des KWG, öffentlichen Verwaltungen und anderen Personen. Die Grundlage bilden die Allgemeinen Geschäftsbedingungen der Deutschen Bundesbank, denen gegebenenfalls spezielle Regelungen vorgehen, wie z.B. Verfahrensregeln der Deutschen Bundesbank zur Abwicklung von Dateien im DTA-Format per Datenfernübertragung (DFÜ) im Elektronischen Massenzahlungsverkehr (EMZ) Verfahrensregeln EMZ, Besondere Bedingungen für Tenderverfahren der Deutschen Bundesbank im Bund-Bietungs-System, Emissionsbedingungen für Bundesanleihen, Bundesobligationen, Bundesschatzanweisungen und unverzinsliche Schatzanweisungen des Bundes, Besondere Bedingungen der Deutschen Bundesbank für die Datenfernübertragung via EBICS (Electronic Banking Internet Communication Standard) für Kontoinhaber ohne Bankleitzahl. *[CMN]*

Geschäftsbericht der Deutschen Bundesbank

Von der Deutschen Bundesbank jährlich im Selbstverlag herausgegebener, gemäß § 28 BBankG (auch auf der Website) veröffentlichter Bericht. *[CMN]*

Gesetzliche Zahlungsmittel

1. *Begriff:* Geldzeichen, in der Bundesrepublik Deutschland die von der Deutschen Bundesbank ausgegebenen, auf Euro lautenden Banknoten sowie die vom Bund emittierten, auf Euro oder Cent lautenden Scheidemünzen (Artikel 10, 11 VO [EG] Nr. 974/98 vom 3.5.1998, ABl. L 139, 1, zuletzt geändert durch VO [EU] Nr. 827/2014 vom 23.7.2014, ABl. L 228, 3).

2. *Arten:*

a) *Unbeschränkt gesetzliche Zahlungsmittel* sind ausschließlich die Euro-Banknoten (§ 14 I 2 BBankG). Der Gläubiger einer Geldschuld muss Euro-Banknoten vom Schuldner annehmen, sofern er sich nicht den Rechtsfolgen eines Annahmeverzuges aussetzen will. Die Zahlung mit Bargeld muss aber beiden Vertragspartnern zumutbar sein (Treu und Glauben).

b) *Beschränkt gesetzliche Zahlungsmittel* sind neben Euro-Münzen auch deutsche Euro-Gedenkmünzen, die nur bis zum Betrag von 100 Euro je Zahlung angenommen werden müssen (§§ 2, 3 MünzG). Diese Einschränkung gilt allerdings nicht für Bundes- und Landeskassen.

3. Die bisherigen deutschen Geldzeichen (Deutsche Mark, Pfennig) wurden zum 1.1.2002 vollständig durch *auf Euro lautende Banknoten und Münzen* ersetzt. Euro-Banknoten sind seither (im gesamten Eurosystem) die unbeschränkten einzigen gesetzlichen Zahlungsmittel.

4. *Giralgeld* ist kein gesetzliches Zahlungsmittel. Es bewirkt eine Tilgung von Geldschulden nur bei Einverständnis des Gläubigers, das z.B. durch Angabe einer Kontoverbindung auf Rechnungen oder anderen Formularen erteilt wird. Daher ist rechtlich eine bargeldlose Zahlung keine Erfüllung, sondern lediglich eine Leistung an Erfüllungs statt im Sinne von § 364 I BGB.

5. *Ausländisches Geld:* Auf fremde Währung lautendes Geld ist unabhängig von seiner Erscheinungsform im Inland kein gesetzliches Zahlungsmittel, obwohl es wie inländisches Geld Zahlungsmittelfunktion haben kann. Banknoten anderer Länder nehmen auch an dem strafrechtlichen Schutz in Bezug auf Geld- und Wertzeichenfälschungen teil. Auch Rechnungseinheiten, wie z.B. die Sonderziehungsrechte (SZR) des Internationalen Währungsfonds (IWF), sind keine gesetzlichen Zahlungsmittel. *[CMN]*

Goldstandard

1. *Begriff:* Währungssysteme auf nationaler oder internationaler Ebene, in denen entweder das Gold als gesetzliches Zahlungsmittel dient oder für die jeweilige Währung eine Eintauschverpflichtung in Gold besteht (Goldkonvertibilität). Da die Knappheit von Gold sich nur wenig ändert, garantiert eine Goldwährung Geldwertstabilität. Die Goldparität wird durch eine Goldankaufs- und Geldeinlösepflicht der Zentralbank aufrechterhalten.

2. *Nationaler Goldstandard:*

a) *Goldumlaufwährung:* Das Geld wird durch vollwertige Goldmünzen repräsentiert, kann aber durch Banknoten ergänzt werden (reine Goldumlauf- oder Mischumlaufwährung).

b) *Goldkernwährung:* Es besteht keine Einlösemöglichkeit des Geldes in Gold, sondern lediglich eine Deckung der Geldmenge durch Gold.

c) *Golddevisenwährung:* Zur Deckung der Geldmenge werden Gold, in Gold einlösbare und auch nicht einlösbare Devisen verwendet.

3. Ein *internationaler Goldstandard* setzt freie, internationale Beweglichkeit des Goldes voraus. Die Parität (Goldparität) zwischen den Währungen entspricht dem unterschiedlichen Goldgehalt der nationalen Währungen. Der Wechselkurs auf dem Devisenmarkt kann nur so weit von der Parität abweichen, bis ein internationaler Goldtransfer lohnend wird. Die Folge sind feste Wechselkurse zwischen den Goldwährungsländern. Die Höhe der Differenz zwischen Parität und dem sogenannten Goldpunkt wird durch Transportkosten, Versicherung, Zinsverluste bei der Goldversendung bestimmt. Der internationale Goldstandard konnte sich nur um die Wende zum 20. Jahrhundert relativ frei entfalten. Mit der zunehmenden Bedeutung nationaler wirtschaftspolitischer Ziele wurde er aufgegeben. *[CMN]*

Goldwährung

1. *Begriff:* Metallwährung, bei der Gold monetärer Referenzpunkt und der Wert der jeweiligen Währungseinheit in einer bestimmten Gewichtsmenge Feingold definiert ist. Das Funktionieren einer Goldwährung setzt einen von Zentralbanken festgelegten garantierten Goldpreis (amtliche Parität) voraus (Goldpool).

2. *Arten:*

a) Bei einer reinen *Goldumlaufwährung* läuft nur Geld in Form von Gold-münzen um.

b) Bei einer *voll gedeckten Mischumlaufwährung* zirkuliert neben Gold-münzen auch Papiergeld, wobei der Gesamtbetrag der umlaufen-den Banknoten durch Goldbestände der Zentralbank gedeckt sein muss. Die Goldwährung des Deutschen Reiches nach 1871/1873 sah eine Goldparität von 1 Mark = 1/2.790 kg Feingold vor. Häufiger war die *teilgedeckte Mischumlaufwährung*, für die eine bestimmte prozen-tuale Deckung der zirkulierenden Banknoten galt, z.B. 40 Prozent der Mark-Währung des Deutschen Reiches nach 1909. Charakteristisches Merkmal der Mischumlaufwährung war eine allgemeine Goldeinlö-sungspflicht, die jede Person in die Lage versetzte, Banknoten gegen Münzgold einzutauschen. Dieses Währungssystem bestand weltweit bis zum Ersten Weltkrieg.

c) Bei einer *Goldkernwährung* haben Banknoten als gesetzliche Zahlungs-mittel eine bestimmte Mindestgolddeckung. Die Geldordnung kann auch in bestimmtem Umfang Deckung durch Devisen zulassen. Dieser soge-nannte Golddevisenstandard war das prägende Merkmal der Reichs-markwährung in Deutschland nach 1924.

d) Bei einer *Goldparitätswährung* besteht nur eine formale Bezugnahme auf Gold in Form einer Goldparität. Deckungsvorschriften existieren nicht. Die Zentralbank ist verpflichtet, Devisenbestände, die andere Notenbanken in ihrer Währung halten, gegen Gold einzutauschen. Eine Goldparitätswährung war der US-Dollar bis 1971.

3. *Funktionsweise:* Das Funktionieren der Goldumlaufwährung setzt die Einhaltung gewisser währungspolitischer Regeln durch die Zentralban-ken voraus. Weist die Leistungsbilanz eines Landes ein Defizit auf, so

bewirkt der Ausgleich gegenüber dem Ausland ein Abschmelzen der nationalen Goldreserven. Dies zwingt die Zentralbank aufgrund der Deckungspflicht zu einer Einschränkung des Geldumlaufs. *[CMN]*

Hartwährung

Währung eines Landes (sogenanntes Hartwährungsland), die voll konvertibel und fungibel, das heißt mit anderen Währungen leicht vergleich- und austauschbar ist, und daher als besonders wertbeständig angesehen wird. Gründe dafür liegen vor allem in ihrer wirtschaftlichen Stabilität, die durch die Orientierung der Wirtschaftspolitik am Ziel der Geldwertstabilität gefördert wird. *[CMN]*

Hauptrefinanzierungsgeschäfte des ESZB

1. *Charakterisierung*: zentrales geldpolitisches Instrument des ESZB im Rahmen der Offenmarktgeschäfte des ESZB. Über die Hauptrefinanzierungsgeschäfte des ESZB wird dem Finanzsektor der größte Teil des Zentralbankgeldes zur Verfügung gestellt. Daraus ergibt sich auch deren große Bedeutung bei der Steuerung von Liquidität und Zinssätzen am Geldmarkt. Gleichzeitig sind die Hauptrefinanzierungsgeschäfte des ESZB auch das wichtigste Signal, um der Öffentlichkeit den verfolgten geldpolitischen Kurs zu vermitteln.

2. *Instrument zur Durchführung*:

a) Eingesetzt werden befristete Transaktionen, die im wöchentlichen Abstand durchgeführt werden und jeweils eine Laufzeit von einer Woche aufweisen. Die Abwicklung der Geschäfte erfolgt durch die nationalen Zentralbanken (NZB) im ESZB. Diese schließen an die Wertpapierpensionsgeschäfte an, welche von der Deutschen Bundesbank vor 1999 regelmäßig angeboten worden sind. Hinsichtlich Laufzeit und Abschlussrhythmus sind sie standardisiert und können daher allen Geschäftspartnern im Wege von Standardtendern angeboten werden. Hauptrefinanzierungsgeschäfte des ESZB sollen den Zinssatz und die geldpolitische Grundlage des ESZB vorgeben, wobei die Liquidität im Gegensatz zu definitiven Käufen von notenbankfähigen Aktiva (wie am Rentenmarkt) nur befristet zur Verfügung gestellt wird.

b) Hinsichtlich der *rechtlichen Ausgestaltung* befristeter Transaktionen bestehen grundsätzlich zwei Möglichkeiten: Bei *Pensionsgeschäften* wird das Eigentum an den Vermögenswerten auf den Gläubiger übertragen, gleichzeitig wird festgelegt, dass nach einer Woche eine Rückübertragung auf den Schuldner erfolgt. Der Rückkaufpreis ist dabei um die Höhe der zu zahlenden Zinsen höher als der Kaufpreis. Bei *Pfandkrediten* verbleibt das Eigentum an den Vermögenswerten beim Schuldner. Dem Gläubiger wird aber ein rechtswirksames Sicherungsrecht eingeräumt. Dabei erfolgt eine Entkoppelung zwischen der konkreten Refinanzierungsmaßnahme und den gestellten Sicherheiten, während im Falle der Verpensionierung dieser konkrete Zusammenhang Grundvoraussetzung ist. Vorteile der Verpfändungslösung bestehen in der höheren Flexibilität. *[ASH]*

Hauptverwaltungen der Deutschen Bundesbank

1. *Entstehung*: Die Mitwirkung der Deutschen Bundesbank als nationale Zentralbank im Europäischen System der Zentralbanken (ESZB) im Zuge der Europäischen Wirtschafts- und Währungsunion veranlasste eine Straffung und Vereinheitlichung ihrer Leitungs- und Entscheidungsstrukturen (durch das Siebente Gesetz zur Änderung des Gesetzes über die Deutsche Bundesbank [vom 23.3.2002, BGBl. I S. 1782]). Einziges Organ ist nunmehr der Vorstand der Deutschen Bundesbank, dem die Präsidenten der Hauptverwaltungen der Deutschen Bundesbank unterstellt sind (§ 8 II BBankG). Mit der Errichtung von Hauptverwaltungen zum 1.5.2002 zugleich verbunden war eine Abschaffung der Landeszentralbanken (LZB), wodurch der föderale Einfluss im Organisationsgefüge der Bundesbank weiter zurückgedrängt wurde. Entfallen sind die bisherigen Vorbehaltszuständigkeiten der Landeszentralbanken, da keine Abgrenzung gegenüber dem ebenfalls aufgehobenen Direktorium der Deutschen Bundesbank mehr erforderlich ist. Die Bestellung

des Präsidenten einer Hauptverwaltung der Deutschen Bundesbank richtet sich nunmehr nach den allgemein für die Bundesbank geltenden Vorschriften (§ 31 II BBankG).

2. *Organisationsstrukturen:* Im Rahmen ihrer Organisationsstruktur unterhält die Bundesbank heute neun Hauptverwaltungen (§ 8 I BBankG), je eine für den Bereich des Landes Baden-Württemberg (Sitz: Stuttgart), des Freistaates Bayern (München), der Länder Berlin und Brandenburg (Berlin), der Freien Hansestadt Bremen und der Länder Niedersachsen und Sachsen-Anhalt (Hannover), der Freien und Hansestadt Hamburg und der Länder Mecklenburg-Vorpommern und Schleswig-Holstein (Hamburg), des Landes Hessen (Frankfurt am Main), des Landes Nordrhein-Westfalen (Düsseldorf), der Länder Rheinland-Pfalz und Saarland (Mainz) sowie der Freistaaten Sachsen und Thüringen (Leipzig). Die Hauptverwaltungen der Deutschen Bundesbank werden jeweils von einem Präsidenten geleitet (§ 8 II BBankG). Ihnen unterstehen Filialen der Deutschen Bundesbank. Zudem besteht bei jeder Hauptverwaltung der Deutschen Bundesbank ein Beirat, der regelmäßig mit dem Präsidenten zusammentrifft und mit ihm über die Durchführung der in seinem Bereich anfallenden Arbeiten berät (§ 9 I BBankG). Zu den Aufgaben der Hauptverwaltungen der Deutschen Bundesbank zählt auch die regionale Überwachung der Institute im Sinne des KWG im Rahmen der Bankenaufsicht. *[CMN]*

© Springer Fachmedien Wiesbaden GmbH, ein Teil von Springer Nature 2020
L. Gramlich et al. (Hrsg.), *180 Keywords Geld- und Währungsrecht*,
https://doi.org/10.1007/978-3-658-28297-4_9

Index-Währung

Währungsordnung, bei der der Wert einer Geldeinheit an die jeweilige Kaufkraft des Geldes gebunden ist. Dabei kann auch eine Teilindexierung vorliegen, z.b. wenn nur bestimmte Geldschulden, wie Löhne und Gehälter oder Mieten, an einen Index gekoppelt sind. Eine Indexierung ist nach Wortlaut und Sinn von § 2 Preisklauselgesetz wirtschaftspolitisch unerwünscht. *[CMN]*

Internationale Währungsordnung

1. *Begriff:* System rechtlich abgesicherter und/oder allgemein anerkannter Regeln für die Gestaltung der internationalen währungspolitischen Zusammenarbeit mit dem Ziel, den reibungslosen Ablauf des Außenwirtschaftsverkehrs zwischen einer Vielzahl von Staaten/Währungsgebieten zu gewährleisten. Wesentliche Elemente der Internationalen Währungsordnung sind:

das Wechselkurssystem;

Ordnung des internationalen Zahlungsverkehrs (Konvertibilität);

Instrumente des Ausgleichs der Zahlungsbilanz, vor allem die internationale Solidarität zur Überbrückung von Zahlungsbilanzdefiziten.

2. *Entwicklung:* Ende des 19. Jahrhunderts wurde die Internationale Währungsordnung durch den Goldstandard gebildet, dessen Funktionsfähigkeit in erster Linie auf seiner allgemeinen Anerkennung beruhte. Der nach dem Ersten Weltkrieg errichtete Golddevisenstandard brach in der Weltwirtschaftskrise mit dem Abwertungswettlauf und der sich daran anschließenden Devisenbewirtschaftung zusammen. Mit dem Bretton-Woods-Abkommen von 1944 sollte eine neue, institutionell abgesicherte Internationale Währungsordnung geschaffen werden, mit folgenden Elementen:

(1) System fester Wechselkurse,

(2) Konvertibilität der Währungen bei der Abwicklung laufender internationaler Zahlungen,

(3) Gold und konvertible Währungen (zunächst vor allem der US-Dollar als Leitwährung) als Währungsreserven zum Zahlungsbilanzausgleich,

(4) System von internationalen Kreditmöglichkeiten zur Überbrückung kurzfristiger Zahlungsbilanzschwierigkeiten durch Errichtung des Internationalen Währungsfonds (IWF).

Die hierauf aufgebaute Internationale Währungsordnung zeigte sich zunächst durchaus funktionsfähig. 1958 erklärten die wichtigsten Mitgliedstaaten des IWF die Konvertibilität ihrer Währungen. Mit der Spaltung des Goldmarktes im Jahre 1968 (Goldpool), der Aufhebung der Goldeinlösepflicht des US-Dollars durch die US-amerikanische Regierung 1971 und dem Realignment der Wechselkurse bei gleichzeitiger Erweiterung der Bandbreite (Smithsonian Agreement) wurden aber wesentliche Elemente der Internationalen Währungsordnung verändert.

Darüber hinaus boten die 1967 geschaffenen Sonderziehungsrechte (SZR) zusätzliche Möglichkeiten der Finanzierung von Zahlungsbilanzdefiziten. Die prinzipielle Freigabe der Wechselkurse im Jahre 1973 führte zur endgültigen Auflösung der vom Bretton-Woods-Abkommen geprägten Leitideen einer Internationalen Währungsordnung und schuf ein System flexibler Wechselkurse. Das IWF-Abkommen wurde 1978 offiziell an die veränderten Gegebenheiten angepasst. Seither ist jedes Mitgliedsland in der Gestaltung seiner Wechselkurspolitik frei, soweit es für geordnete Wirtschafts- und Währungsverhältnisse sorgt und den Wechselkurs nicht zum eigenen Vorteil manipuliert. Die IWF-Mitgliedstaaten haben dabei unter anderem die Möglichkeit,

(1) einen festen Wechselkurs zu einer anderen Währung (z.B. US-Dollar) zu fixieren oder

(2) den Wechselkurs an die Sonderziehungsrechte, also einen Währungskorb, zu binden oder

(3) den Wechselkurs gegenüber einigen Währungen zu fixieren, gegenüber anderen jedoch schwanken zu lassen („altes" Europäisches Währungssystem [EWS]) oder

(4) den Wechselkurs gegenüber allen anderen Währungen frei schwanken zu lassen. Innerhalb der Europäischen Wirtschafts- und Währungsunion existiert für (seit 2015) 19 Staaten die gemeinsame Währung Euro. Für die restlichen Staaten der Europäischen Union (EU) gelten feste, aber anpassungsfähige Wechselkurse gegenüber dem Euro. *[LGR]*

Internationaler Währungsfonds (IWF)

Engl. *International Monetary Fund*, Abkürzung IMF; durch das Bretton-Woods-Abkommen am 27.12.1945 errichtete, rechtlich selbstständige Sonderorganisation der Vereinten Nationen (UN) mit Sitz in Washington, D.C. *[CMN]*

Internationaler Währungsfonds, Aufgaben und Organisation

1. *Begriff und Ziele*: Der Internationale Währungsfonds (IWF) ist eine internationale Organisation mit dem Ziel der Förderung stabiler Wechselkurse und geordneter Wechselkursregelungen unter seinen über 180 Mitgliedern. Der Fonds bemüht sich gemäß seinen Statuten (*Articles of Agreement*) unter anderem um ein ausgewogenes Wachstum des Welthandels und stellt seinen Mitgliedern bei Zahlungsbilanzschwierigkeiten vorübergehend Kredite („Fazilitäten") zur Verfügung. Mit der Mitgliedschaft erwirbt ein Staat eine Quote, die maßgeblich für die Subskriptionszahlungen (Zahlung von gezeichneten Kapitalanteilen) an den IWF, die Ziehungsrechte (Kredite), die Zuteilung von Sonderziehungsrechten (SZR) und die Stimmrechte in den Organen ist. Die Mitgliedschaft im IWF (zugleich Voraussetzung für die Mitgliedschaft in der Weltbank) steht jedem Staat, aber auch nur diesen (das heißt beispielsweise nicht der Europäischen Zentralbank [EZB] oder der Europäischen Union [EU])

offen, der bereit und in der Lage ist, die sich aus den Statuten ergebenden Verpflichtungen, z.b. Offenlegung seiner makroökonomischen Grunddaten (Wachstum des Bruttosozialprodukts, Haushaltsdefizite, Geldumlauf und Währungsreserven) und Vermeidung unfairer Wechselkurspraktiken, zu übernehmen.

2. *Aufgaben*: Der IWF, der laufend die Währungs- und Wirtschaftspolitik seiner Mitglieder beobachtet, verfasst in der Regel jährlich anhand der ihm zugehenden Daten makroökonomische Prüfungsberichte über jedes Mitgliedsland, die im 24-köpfigen Exekutivdirektorium (*Executive Board*), das für die laufende Geschäftsführung des Fonds verantwortlich ist, diskutiert werden. Dessen Vorsitzender ist der Geschäftsführende Direktor (*Managing Director*), der gleichzeitig dem Personal (*Staff*) vorsteht. Höchstes Beschlussorgan des Fonds ist der Gouverneursrat (*Board of Governors*), in dem die Mitgliedstaaten durch ihre Finanzminister oder Zentralbankpräsidenten vertreten sind. Er beschließt z.b. die Aufnahme neuer Mitglieder, Quotenerhöhungen und SZR-Zuteilungen. Der IWF verknüpft seine Finanzhilfen für Staaten, die unter (eher) kurzfristigen Zahlungsbilanzschwierigkeiten leiden, regelmäßig mit wirtschaftspolitischen Auflagen (Konditionalitäten). In finanz- und währungspolitischen Krisenzeiten, zuletzt in der Finanz- (2007) und Euro-Staatsschuldenkrise (2010), stärkte der IWF seine Rolle als wichtiges Bindeglied der internationalen Finanzarchitektur, dies gilt sowohl für seine Funktion als eine Art Lender of Last Resort, als auch seine Impulse bei der Überwachung der weltweiten Finanzmärkte.

3. *Quoten*: Für die Festsetzung der Quoten der Mitglieder werden bestimmte wirtschaftliche Kennziffern, wie Nationaleinkommen, Währungsreserven, Einfuhr, Ausfuhr und Schwankungen der Exporte berücksichtigt. Bei der fünfjährlichen „normalen" Überprüfung der Quoten, die das finanzielle Rückgrat des Fonds bilden, werden unter anderem das voraussichtliche Wachstum der Weltwirtschaft und der Bedarf an zusätzlicher internationaler Liquidität berücksichtigt. Die Quoten

bestimmen auf der einen Seite den Finanzierungsspielraum des Fonds, auf der anderen Seite den Ziehungsspielraum (Kreditinanspruchnahme-möglichkeit) der Mitglieder. *[CMN]*

Internationaler Währungsfonds, Finanzierung

Basis der Finanzierung des Internationalen Währungsfonds (IWF) sind die Quoten-Subskriptionen insbesondere derjenigen Mitglieder, die Zahlungsbilanzüberschüsse aufweisen und deren Währungen voll konvertibel sind. Zur Ergänzung dieser Mittel hat der IWF seit den 1960er-Jahren mit einem oder mehreren Mitgliedsländern auf freiwilliger Grundlage mehrere Kreditaufnahmevereinbarungen (*general arrangement to borrow*, GAB; *new arrangement to borrow*, NAB) abgeschlossen, um potenziellen Liquiditätsengpässen zu begegnen. *[CMN]*

Internationaler Währungsfonds, Kreditinstrumentarium

1. *Allgemeine Kreditfazilitäten*: Im Rahmen der Kreditfazilitäten stehen den Mitgliedern des Internationalen Währungsfonds (IWF), wenn ein Zahlungsbilanzdefizit vorliegt, insbesondere die vier Kredittranchen zu jeweils 25 Prozent der Mitgliedsquote für drei bis fünf Jahre zur Verfügung. Für höhere Kredittranchen (ab 25 Prozent und außerhalb der Reservetranche) muss in der Regel im Rahmen der sogenannten Konditionalität ein wirtschaftspolitisches Anpassungsprogramm vereinbart werden, das darauf abzielt, innerhalb eines angemessenen Zeitraums eine „tragfähige" Zahlungsbilanzposition zu erreichen. Durch eine „Absichtserklärung" des Mitgliedslandes (*Letter of Intent*) werden Bedingungen („Auflagen") festgelegt, unter denen die Ziehungen (Kreditabrufe) vorgenommen werden dürfen. Für die Überprüfbarkeit der vereinbarten Wirtschaftsprogramme werden zumeist makroökonomische Erfüllungskriterien, wie z.B. Verringerung der Kreditexpansion und der Staatsdefizite, festgelegt. Mitgliedern, die insbesondere unter

strukturbedingten Zahlungsbilanzdefiziten leiden, bietet der IWF über die Erweiterte Fondsfazilität die Möglichkeit, im Rahmen eines auf maximal drei Jahre angelegten mittelfristigen Programms bis zu 140 Prozent der Quote zu ziehen und in einem Zeitraum von 4,5 bis 10 Jahren diese Kredite wieder zurückzuzahlen.

2. *Sonderfazilitäten*: Als ständige Sonderfazilitäten stehen für besondere Zwecke die „Fazilität zur Kompensation von Exportausfallerlösen und unerwarteten externen Störungen" und die „Fazilität zur Finanzierung von Rohstoff-Ausgleichslagern" sowie seit 1997 die „Fazilität zur Stärkung von Währungsreserven" (SRF) zur Verfügung. Infolge besonderer Strukturprobleme in der Weltwirtschaft aufgrund der Ölpreisschocks der 1970er-Jahre und der Verschuldungsprobleme einer Reihe von Entwicklungsländern in den 1980er-Jahren hat der IWF zur Finanzierung dadurch ausgelöster umfangreicher und langwieriger Zahlungsbilanzprobleme temporäre Fazilitäten wie die Politik des Erweiterten Zugangs und die Strukturanpassungsfazilitäten (SAF/ESAF) geschaffen. Beim „Erweiterten Zugang" können Mitglieder erheblich über das normale Quotenlimit hinausgehende Ziehungen in Anspruch nehmen. Für die Finanzierung werden ordentliche Mittel des Fonds mit zusätzlichen, fremdfinanzierten gebündelt. Das Quotenlimit für die Inanspruchnahme wird von Zeit zu Zeit durch Richtlinien festgelegt. Im Rahmen der *(Extended) Structural Adjustment Facility* können Entwicklungsländer mit niedrigem Pro-Kopf-Einkommen zinssubventionierte Zahlungsbilanzdarlehen zu „weichen" Bedingungen zur Förderung von Anpassungsprogrammen erhalten (Kredite mit Zinsen unter Marktniveau). Die Mittel dafür stammen aus speziellen Fondsmitteln (Rückflüsse in einen Treuhandfonds, der aus Goldverkäufen des Fonds gespeist wurde) und aus zinssubventionierten Darlehen einiger Mitgliedsländer. In den 1990er-Jahren sind zeitweise weitere Fazilitäten, vor allem die Systemtransformationsfazilität (SFF) zur Unterstützung der osteuropäischen Reformländer, insbesondere Russlands sowie der asiatischen Volkswirtschaften, geschaffen worden, ferner ist eine Initiative zugunsten hochverschuldeter armer

Staaten zu nennen (HIPC). Die 1999 eingeführte „Vorsorgliche Kreditlinie" (CCL) diente dazu, die Ausweitung internationaler Finanzkrisen zu verhindern beziehungsweise seit 2007 zumindest einzudämmen, indem Mitglieder, die eine solide Wirtschaftspolitik verfolgen, dazu in die Lage versetzt werden, kurzfristige Finanzhilfe vom IWF zu erhalten. Einen grundlegenden Wandel erfuhr die Konditionalität 2009 mit der Einführung der vorsorglichen Kreditlinien (*Flexible Credit Line*, FCL; *Precautionary Credit Line*, PCL), da beide Linien ohne Anpassungsprogramm, das heißt ohne die bis dahin übliche Verpflichtung zu Strukturanpassungsprogrammen vergeben werden. *[CMN]*

Internationaler Währungsfonds, Sonderziehungsrechte

Der Internationale Währungsfonds (IWF) schafft von Zeit zu Zeit (soweit ein weltweiter Bedarf nach Ergänzung der vorhandenen Währungsreserven besteht) durch einen Zuteilungsbeschluss für seine Mitglieder ein besonderes Giralgeld, die Sonderziehungsrechte (SZR) (*Special Drawing Rights*, SDR), die auf der Basis ihrer Quoten zugeteilt werden. Mit dieser internationalen Liquidität, die die traditionellen nationalen Währungsreserven wie Devisen und Gold ergänzt, können die Mitglieder sich konvertible Währungen (über den Fonds) von anderen Mitgliedern im Rahmen eines „Designierungsverfahrens" beschaffen, um Verpflichtungen gegenüber dem IWF zu erfüllen oder die SZR für bilaterale Zahlungen an andere Mitglieder oder „sonstige Halter" (wie die Bank für internationalen Zahlungsausgleich) einzusetzen. SZR sind auch die Rechnungseinheit des IWF. Ursprünglich durch ein bestimmtes Verhältnis zum Gold definiert, setzen sich SZR mittlerweile als Korbwährungseinheit aus vier Währungen (US-Dollar, Euro, Japanischer Yen und Pfund Sterling) zusammen. *[CMN]*

Kerninflation

Engl. *core inflation*; besondere Kennzahlen (sogenannte Kerninflations-raten), die angeben, wie sich die Verbraucherpreise entwickeln, wenn bestimmte Güter des Warenkorbs nicht berücksichtigt werden, zumeist solche mit erfahrungsgemäß stark schwankenden Preisen, etwa weil diese direkt vom Ölpreis abhängen. Bei Berechnung der Inflations-Rate werden also z.B. Preise für Energie, also vor allem Heizöl, Kraftstoffe, Strom und Gas ausgeblendet. *[LGR]*

Korrespondenz-Zentralbankmodell

Für geldpolitische Operationen des Eurosystems zugelassene Geschäfts-partner haben die Möglichkeit, notenbankfähige Sicherheiten grenz-überschreitend zu nutzen. Zur Refinanzierung bei der Notenbank ihres Landes dienen den Geschäftspartnern hierbei die bei anderen Noten-banken des Eurosystems (Korrespondenzzentralbanken) hinterlegten notenbankfähigen Sicherheiten. Die nationalen Zentralbanken fungieren gegenseitig als Depotbank für Sicherheiten, die jeweils von den lokalen Zentralverwahrern beziehungsweise Wertpapierabwicklungssystemen ihres Sitzlandes an sie übertragen werden. *[HKU]*

Landeszentralbanken (LZB)

1. *Von 1948 bis 1957:* aufgrund von Landesgesetzen und alliierter Militärgesetzgebung errichtete, rechtlich und organisatorisch selbstständige Zentralbanken der Bundesländer (Zuständigkeitsbereich: Geschäfte mit den Ländern und mit dortigen Kreditinstituten), die in Arbeitsteilung mit der Bank deutscher Länder (Zuständigkeitsbereich: Notenausgabe, Geschäfte mit Bund und Bundesverwaltungen, Auslandsgeschäft) ein zweistufiges Zentralbanksystem bildeten.

2. *Seit 1957:* aufgrund von § 8 BBankG a.f. zu Hauptverwaltungen der Deutschen Bundesbank umgewandelte Einrichtungen in jedem Bundesland mit der Bezeichnung „Landeszentralbank für den Bereich des Landes Baden-Württemberg" oder „Landeszentralbank für den Bereich des Freistaates Bayern" usw., mit eigenen Befugnissen in Verwaltungsangelegenheiten und in der Durchführung der in ihre Zuständigkeit fallenden Geschäfte. Sie wurden von Vorständen als regionalen Exekutivorganen der Bundesbank geleitet (Vorstände der LZB).

3. *1.11.1992-30.4.2002:* Im Zusammenhang mit der deutschen Wiedervereinigung wurde der Grundsatz „ein Land - eine LZB" aufgegeben. Im Interesse der Straffung der Entscheidungsstrukturen in Zentralbankrat und Direktorium bestanden nur noch neun, zum Teil länderübergreifende Hauptverwaltungen. Erhalten blieb das leichte Übergewicht der LZB-Präsidenten gegenüber den Direktoriumsmitgliedern im Zentralbankrat. Die Neuregelung wurde bereits im Hinblick auf die Europäische Wirtschafts- und Währungsunion getroffen, in deren Rahmen eine übermäßige Zersplitterung der Bundesbankorganisation nachteilig wäre.

4. *Seit 1.5.2002:* Die Mitwirkung der Deutschen Bundesbank als nationale Zentralbank im ESZB veranlasste eine (weitere) Straffung und Vereinheitlichung der Leitungs- und Entscheidungsstruktur; einziges Organ ist nunmehr der Vorstand der Deutschen Bundesbank. Ihm sind nunmehr die Präsidenten der anstelle der Landeszentralbanken errichteten Hauptverwaltungen unterstellt (§ 8 II BBankG). Die bisherigen

Vorbehaltszuständigkeiten entfielen, da keine Abgrenzung gegenüber dem ebenfalls aufgehobenen Direktorium der Deutschen Bundesbank mehr erforderlich ist. Die Bestellung des Präsidenten einer Hauptverwaltung richtet sich seither nach den allgemein für die Bundesbank geltenden Vorschriften (§ 31 II BBankG).

Die Bundesbank unterhält weiterhin neun Hauptverwaltungen (§ 8 I BBankG). *[CMN]*

Längerfristige Refinanzierungsgeschäfte des ESZB

1. *Charakterisierung*: neben den Hauptrefinanzierungsgeschäften des ESZB eingesetztes geldpolitisches Instrument des ESZB (Geldpolitik des ESZB). Mit den längerfristigen Refinanzierungsgeschäften des ESZB (LTRO) wird dem Finanzsektor für einen größeren Zeitraum Liquidität zugeführt. Refinanzierungsgeschäfte sind an die Stelle des Diskontkredits getreten, der für die Deutsche Bundesbank vor der Eingliederung in das ESZB von wesentlicher liquiditätspolitischer Bedeutung war. Die längerfristigen Refinanzierungsgeschäfte des ESZB entlasten die Hauptrefinanzierungsoperationen durch eine längerfristige Mittelbereitstellung, die ihrerseits zu einer Verstetigung des Geldmarktes und zur Dispositionssicherheit vorzugsweise kleinerer Bankbetriebe beiträgt, für die früher der Diskontkredit im Vordergrund stand.

2. Als *Instrument zur Durchführung* dieser Geschäfte werden wie bei den Hauptrefinanzierungsgeschäften befristete Transaktionen eingesetzt. Allerdings erfolgen längerfristige Refinanzierungsgeschäfte des ESZB nur im monatlichen Abstand und haben eine Laufzeit von drei Monaten. Die Abwicklung erfolgt über die nationalen Zentralbanken (NZB) im Standardtenderverfahren (Standardtender). Nach der geldpolitischen Konzeption der Europäischen Zentralbank (EZB) sollen von diesen Geschäften weder zins- noch liquiditätspolitische Signale ausgehen. Aus diesem Grund werden die längerfristigen Refinanzierungsgeschäfte des ESZB

prinzipiell als Zinstender durchgeführt, was impliziert, dass das ESZB als Preisnehmer auftritt. Entscheidungen über den Anteil des Basistenders am gesamten Refinanzierungsvolumen sind dem EZB-Rat vorbehalten.

3. Hinsichtlich der *Besicherung* von Refinanzierungsgeschäften haben die nationalen Zentralbanken die Option, den Kreis der Sicherheiten auf private Schuldtitel (z.b. Handelswechsel oder Buchkredite der Banken an Wirtschaftsunternehmen) zu beschränken oder eine bestimmte Mindestquote zu verlangen.

4. *Bedeutung*: Das Volumen der längerfristigen Refinanzierungsgeschäfte des ESZB war in der Vergangenheit deutlich geringer als das der Hauptrefinanzierungsgeschäfte. Im Zusammenhang mit der Finanzkrise und der nachfolgenden Staatsschuldenkrise wurde das Volumen der längerfristigen Refinanzierungsgeschäfte des ESZB massiv ausgedehnt und auch teilweise die Laufzeit deutlich verlängert.

5. Vgl. auch das Stichwort „Offenmarktgeschäfte des ESZB". *[ASH]*

Leitzinsen

1. *Begriff*: von der Zentralbank festgelegte Zinssätze, zu denen sich Banken bei der Zentralbank Liquidität beschaffen oder überschüssige Reserven anlegen können. Leitzinsen stellen ein zentrales Element des geldpolitischen Instrumentariums dar, denn sie beeinflussen (beziehungsweise „leiten") maßgeblich die Zinsverhältnisse am Geldmarkt und darüber auch die allgemeine Zinsentwicklung im Kreditgeschäft mit der Nichtbankenkundschaft. Eine Anhebung der Leitzinsen verschiebt in der Tendenz das gesamte Zinsniveau nach oben, was wiederum die Kreditnachfrage der Wirtschaft dämpft, wodurch die Zentralbank einem inflationären Anstieg des Preisniveaus entgegenwirken kann (restriktive Geldpolitik). Wenn es die Erreichung des Zieles der Preisstabilität nicht beeinträchtigt, hat die Zentralbank Spielraum, ihre Leitzinsen zu senken. Wenn in der Folge dann auch die Zinsen auf dem Kapitalmarkt sinken,

kann dies die gesamtwirtschaftliche Nachfrage und das Wirtschaftswachstum erhöhen (expansive Geldpolitik).

2. *Europäisches System der Zentralbanken*: Als Leitzinsen im ESZB gelten die Zinssätze für die Refinanzierungsgeschäfte (insbesondere das Hauptrefinanzierungsgeschäft; längerfristige Refinanzierungsgeschäfte), für die Einlagefazilität und für die Spitzenrefinanzierungsfazilität.

3. *Deutsche Bundesbank*: bis zur Übertragung der geldpolitischen Zuständigkeiten auf das ESZB am 1.1.1999 wurden der Diskontsatz und der Lombardsatz der Bundesbank als Leitzinsen bezeichnet. *[CMN]*

Lender of Last Resort

Wortwahl geht auf Sir Francis Baring zurück; letzte Refinanzierungsinstanz, welche freiwillig oder gesetzlich als Kreditgeber fungiert, um die Insolvenz von Schuldnern oder gar einen Staatsbankrott zu vermeiden. Im nationalen Bereich fungiert die Zentralbank als Lender of Last Resort (für Deutschland die Deutsche Bundesbank), für das Europäische System der Zentralbanken (ESZB) ist es die Europäische Zentralbank (EZB). Im internationalen Bereich erfüllt der Internationale Währungsfonds (IWF) z.T. diese Aufgabe. Auch die Bank für Internationalen Zahlungsausgleich (BIZ) darf in ähnlicher Weise als Agent und Korrespondent nationaler Zentralbanken handeln. *[LRI]*

Liquiditätspolitik von Zentralbanken

1. *Begriff*: geldpolitische Maßnahmen, bei denen die Zentralbank im Gegensatz zur Zinspolitik unmittelbar Einfluss auf die Liquidität des Finanzsektors (Bankenliquidität) nimmt.

2. *Unterscheidung*: Die Deutsche Bundesbank unterschied zwischen Liquiditäts- und Zinspolitik in Hinblick auf den primären Anknüpfungspunkt der eingesetzten Instrumente. Die Unterscheidung wäre auch

im Hinblick auf die Wirkung denkbar, jedoch beeinflussen liquiditätspolitische Instrumente die Zinssätze, zinspolitische Instrumente die
Bankenliquidität.

3. Im *Europäischen System der Zentralbanken (ESZB)* hat die Mindestreservepolitik (Mindestreservepolitik des ESZB) primär liquiditätspolitischen Charakter, ebenso die Offenmarktpolitik des ESZB über die
Festlegung des Volumens der Offenmarktoperationen. Offenmarktgeschäfte können gleichzeitig jedoch als Instrument der Zinspolitik angesehen werden, wenn das ESZB Einfluss auf den Zinssatz nimmt, zu dem
diese Geschäfte abgeschlossen werden (wenn das Offenmarktgeschäft
als Mengentender abgewickelt wird). Bei Zinstendergeschäften kann
das ESZB durch die Vorgabe eines Mindestbietungssatzes Zinspolitik
betreiben.

4. Zu den früheren liquiditätspolitischen Instrumenten der *Deutschen
Bundesbank* zählten vor allem Mindestreserven, quantitative und qualitative Begrenzungen von Diskont- und Lombardkrediten (Lombardpolitik der Deutschen Bundesbank) sowie – über die Volumensfestsetzung –
Wertpapierpensionsgeschäfte. *[ASH]*

LRG-Satz

Zinssatz bei längerfristigen Refinanzierungsgeschäften des ESZB. *[LGR]*

Mark

Währungseinheit mit Goldparität (1 Mark = 1/2790 kg Feingold), die 1871/1873 im Deutschen Reich geschaffen wurde und bis 1923 bestand (Ablösung durch Rentenmark). Die Mark war anfangs eine „hinkende" Goldwährung. Neben Gold- waren auch Silbermünzen gesetzliches Zahlungsmittel. Für Banknoten der Reichsbank, ab 1909 gesetzliches Zahlungsmittel, oblag dieser eine Einlösungspflicht in „kursfähiges deutsches Geld" (Goldmünzen). Praktisch tauschte die Zentralbank auf Verlangen Banknoten in Gold in einem festen Wertverhältnis um (sogenannte Goldumlaufwährung). *[LGR]*

Medaillen

Münzähnliche metallische Gegenstände, z.B. Gedenk- oder Schaumünzen, denen kein Nennwert aufgeprägt ist und die daher kein Zahlungsmittel sind. Medaillen werden oft in Münzstätten hergestellt, die auch Scheidemünzen ausprägen. Kraft seiner Münzhoheit hat in Deutschland der Bund Vorschriften über Medaillen erlassen, um der Verwechslungsgefahr mit Bundes- und mit Euro-Münzen vorzubeugen und die Ahndung von Fälschungen wie sonstigen Verstößen zu bewirken. Rechtsgrundlagen: §§ 10, 12 MünzG sowie Verordnung über die Herstellung und den Vertrieb von Medaillen und Marken in der Fassung vom 16.11.1999 (BGBl. I S. 2402). Die EU-Verordnung ([EG] 2182/2004 vom 6.12.2004, ABl. L 373, 1, zuletzt geändert durch VO [EG] Nr. 46/2009 vom 18.12.2008, ABl 2009 L 17, 5) über Medaillen und Münzstücke mit ähnlichen Merkmalen wie Euro-Münzen untersagt es, Medaillen und Münzstücke herzustellen und zu verbreiten, sofern sie im Hinblick auf Münzbild oder Rändelung den Euro-Münzen ähneln. *[CMN]*

Metallwährung

Währung, bei der als gesetzliches Zahlungsmittel wertentsprechendes Metallgeld (Münzen, deren Nennwert ihrem Metallwert entspricht)

umläuft oder/und Banknoten an bestimmtes Währungsmetall gebun-
den sind. Gegensatz zur Metallwährung (gebundene Währung) ist die
Papierwährung (ungebundene Währung). Aufgrund der besonderen
Wertschätzung des Goldes war die Goldwährung die wichtigste Form
der Metallwährung. Nach dem Zweiten Weltkrieg existieren keine
Metallwährungen mehr. *[LGR]*

Mindestreserven

1. Allgemein:

a) *Charakterisierung:* von Banken bei der Zentralbank aufgrund gesetzlicher Vorschriften obligatorisch zu unterhaltende Sichteinlagen,
ursprünglich zur Sicherung der Zahlungsbereitschaft der Kreditinstitute,
heute Instrument der Geldpolitik.

b) *Arten*: Passiv-Mindestreserven (Einlagenreserve) und Aktiv-Min-
destreserven (Kreditreserve). Beim System der Passiv-Mindestreserven sind Mindestreserven für Verbindlichkeiten aus dem Bankgeschäft
gegenüber der Nichtbankenkundschaft zu halten, bei der Aktiv-Min-
destreserve Mindestreserven für gewährte Kredite.

2. Deutschland und ESZB: Die Pflicht zur Unterhaltung von Mindestreserven ist in Deutschland 1948 nach amerikanischem Vorbild als Pas-
siv-Mindestreserve eingeführt worden. Die Mindestreserven-Politik der
Deutschen Bundesbank beruhte auf § 16 BBankG, der mit Wirkung ab
1.1.1999 aufgehoben wurde. Die Kompetenz, das Halten von Mindestreserven zu verlangen, ist zum gleichen Zeitpunkt auf die Europäische Zentralbank (EZB) übergegangen. *[CMN]*

Mindestreserven des ESZB

1. Charakterisierung: Die Europäische Zentralbank (EZB) kann von Banken
des Euro-Währungsraumes die Haltung von Mindestreserven von diesen Geschäftspartnern im Rahmen der Mindestreservevorschriften des

Europäischen Systems der Zentralbanken (ESZB) auf Konten bei den nationalen Zentralbanken verlangen. Die Rechtsgrundlage für das Mindestreservesystem bildet Artikel 19 ESZB-Satzung. Die Einzelheiten des Mindestreservesystems sind in verschiedenen EU-Rechtsakten geregelt. Die wichtigsten sind die Verordnungen (EG) Nr. 134/2002 vom 22.1.2002 des Rates über die Auferlegung einer Mindestreservepflicht durch die EZB (ABl. L 24, 1) sowie (EU) Nr. 1376/2014 der EZB vom 10.12.2014 über die Auferlegung einer Mindestreservepflicht (ABl L 366/51).

2. *Festlegung:*

a) *Mindestreserve-Soll:* Das Mindestreserve-Soll eines Instituts ergibt sich aus der Anwendung der jeweils gültigen Reservesätze auf die reservepflichtigen Verbindlichkeiten (sogenannte Mindestreservebasis). Von dem so ermittelten Reserve-Soll kann jedes Institut in jedem Mitgliedstaat, in dem es niedergelassen ist, einen einheitlichen Freibetrag abziehen, dessen Höhe in der EZB-Verordnung über Mindestreserven festgelegt ist. Die Mindestreservebasis eines Instituts ergibt sich aus bestimmten Bilanzpositionen, nämlich Einlagen, ausgegebenen Schuldverschreibungen sowie Geldmarktpapieren. Nur ein Teil dieser Verbindlichkeiten ist mit einem positiven Mindestreservesatz belegt; für den restlichen Teil kommt ein Reservesatz von null Prozent zur Anwendung. Verbindlichkeiten gegenüber Instituten, die selbst mindestreservepflichtig sind, unterliegen ebenso wenig der Mindestreservepflicht wie Verbindlichkeiten gegenüber der EZB oder den nationalen Zentralbanken. Die Höhe der Reservesätze wird von der EZB unter Beachtung der durch die Ratsverordnung (Nr. 134/2002) über die Anwendung von Mindestreserven festgelegten Höchstgrenzen bestimmt. Sie kann jederzeit geändert und muss vor der ersten Erfüllungsperiode, ab der die Änderung gilt, bekannt gegeben werden. Die Erfüllungsperiode beträgt einen Monat, beginnt am Abwicklungstag des ersten Hauptrefinanzierungsgeschäfts des ESZB, das auf die Sitzung des EZB-Rats folgt, in der die monatliche Erörterung der Geldpolitik vorgesehen ist, und endet am Tag vor dem entsprechenden Abwicklungstag im Folgemonat.

Bei der Ermittlung der Mindestreservebasis spielt eine Rolle, ob das betreffende Institut der vollen Meldepflicht zur Geld- und Bankenstatistik unterliegt oder ob es sich um ein kleines Institut handelt, für das ein vereinfachtes Meldeverfahren zugelassen ist. Handelt es sich um ein Institut der ersten Gruppe, dann werden die Monatsendstände von den relevanten Bilanzpositionen als Grundlage für die im darauf folgenden Kalendermonat beginnende Erfüllungsperiode verwendet.

Bei Instituten, die das vereinfachte Meldeverfahren anwenden, werden die Quartalsendstände der relevanten Bilanzpositionen mit einer Verzögerung von einem Monat zur Ermittlung der Mindestreservebasis der auf diesen Monat folgenden nächsten drei einmonatigen Erfüllungsperioden verwendet. Das Mindestreserve-Soll muss nur im Durchschnitt der Erfüllungsperiode gehalten werden.

b) *Mindestreserve-Ist*: Die Haltung der Mindestreserven erfolgt auf Reservekonten bei den nationalen Zentralbanken. Dazu muss jedes reservepflichtige Institut mindestens ein Konto bei der nationalen Zentralbank des Mitgliedstaates führen, in dem es niedergelassen ist. Hat ein Institut in einem Mitgliedstaat mehrere Niederlassungen, so ist die Hauptverwaltung für die Haltung der gesamten Mindestreserven verantwortlich. Unterhält ein Institut Niederlassungen in mehreren Mitgliedsländern, so müssen diese entsprechend ihrer Mindestreservebasis bei den nationalen Zentralbanken der jeweiligen Mitgliedstaaten Mindestreserven unterhalten. Mindestreserven müssen nicht notwendig auf gesonderten Konten gehalten werden. Auch die bei den nationalen Zentralbanken für die Abwicklung des Zahlungsverkehrs eingerichteten Konten können genutzt werden. Das Mindestreserve-Ist eines Tages ergibt sich aus dem Tagesendstand dieser Konten.

Die durchschnittlichen Mindestreserveguthaben werden – gewogen mit der Anzahl der Kalendertage – zum Zinssatz, der für das Hauptrefinanzierungsgeschäft gilt, verzinst. Die Mindestreservepflicht ist erfüllt, wenn die Tagesendstände während einer Erfüllungsperiode im Durchschnitt mindestens dem Reservesoll der Erfüllungsperiode entsprechen.

3. *Umsetzung*: Mindestreservepolitik des ESZB. *[CMN]*

Mindestreservepolitik des ESZB

1. *Begriff:* Teilbereich der Geldpolitik des ESZB, mit primär liquiditätspolitischem Charakter. Das Mindestreservesystem des ESZB verpflichtet reservepflichtige Institute, auf bestimmte Verbindlichkeiten (Mindestreservebasis) in Höhe vorgegebener Prozentsätze (Mindestreservesätze) Pflichtguthaben auf Reservekonten bei den nationalen Zentralbanken (NZB) des Eurosystems zu unterhalten.

2. *Geldpolitische Wirkungen:* Das Mindestreservesystem führt zu einer strukturellen Liquiditätsknappheit bei Kreditinstituten und schränkt deren Kreditschöpfungsmöglichkeit ein.

Eine Erhöhung der Mindestreservesätze wirkt liquiditätsverknappend, eine Senkung liquiditätserhöhend. Da die Mindestreservepflicht nur im Monatsdurchschnitt erfüllt sein muss, wirkt das Mindestreservesystem stabilisierend auf die Geldmarkt-Zinssätze: Bei einer vorübergehenden Liquiditätsanspannung haben Institute einen Anreiz, unterdurchschnittlich viele Reserven zu halten, was durch überdurchschnittliche Reservehaltung in Zeiten reichlicher Liquidität ausgeglichen werden kann.

3. *Regelungen:* Der rechtliche Rahmen für die Mindestreservepolitik des ESZB ergibt sich aus Artikel 19 der ESZB-Satzung, der Verordnung des Rates der EU über die Anwendung von Mindestreserven durch die Europäische Zentralbank (EZB) sowie der EZB-Verordnung über Mindestreserven. Mindestreservepflichtig sind prinzipiell alle in den Teilnehmerländern niedergelassenen Kreditinstitute. Die dort niedergelassenen Zweigstellen von Kreditinstituten, die ihren eingetragenen Sitz außerhalb des Euro-Währungsraumes haben, unterliegen ebenfalls der Mindestreservepflicht. Nicht mindestreservepflichtig sind dagegen Zweigstellen

von im Euro-Gebiet ansässigen Instituten, wenn die Zweigstellen ihren Sitz außerhalb des Euro-Währungsraumes haben. Von der generellen Mindestreservepflicht können Institute unter bestimmten Bedingungen befreit werden: (1) wenn die EZB eine Mindestreservepflicht für nicht zweckmäßig hält und die Freistellung nicht zur Diskriminierung anderer Institute führt (ferner müssen bei dem betreffenden Institut dessen gesamte Einlagen für regionale oder internationale Entwicklungshilfe zweckgebunden sein, darf dieses keine Bankfunktionen im Wettbewerb mit anderen Kreditinstituten ausüben und auch kein Spezialinstitut sein), (2) Institute, die sich in Liquidation oder Sanierung befinden. Um auch nach außen Transparenz über die Mindestreservepflicht zu schaffen, führt die EZB zwei Verzeichnisse. In dem einen sind alle mindestreservepflichtigen Institute aufgeführt, in dem anderen (mit Ausnahme der in Sanierung befindlichen) alle Institute, die von der Mindestreservepflicht befreit sind. Beide Verzeichnisse sind am letzten ESZB-Geschäftstag eines jeden Kalendermonats öffentlich zugänglich und definieren die Mindestreservepflicht für die folgende Erfüllungsperiode.

4. Das *Mindestreserve-Soll* eines Instituts ergibt sich aus der Anwendung der jeweils gültigen Reservesätze auf die reservepflichtigen Verbindlichkeiten (sogenannte Mindestreservebasis). Von dem so ermittelten Reserve-Soll kann jedes Institut in jedem Mitgliedstaat, in dem es niedergelassen ist, einen einheitlichen Freibetrag abziehen, dessen Höhe in der EZB-Verordnung über Mindestreserven festgelegt ist. Die Mindestreservebasis eines Instituts ergibt sich aus bestimmten Bilanzpositionen, nämlich Einlagen, ausgegebenen Schuldverschreibungen sowie Geldmarktpapieren. Dabei ist zu beachten, dass nur ein Teil dieser Verbindlichkeiten mit einem positiven Reservesatz belegt ist. Für den restlichen Teil kommt ein Reservesatz von null Prozent zur Anwendung. Verbindlichkeiten gegenüber Instituten, die selbst mindestreservepflichtig sind, unterliegen ebenso wenig der Mindestreservepflicht wie Verbindlichkeiten gegenüber der EZB oder den nationalen Zentralbanken. Die Höhe der Reservesätze wird von der EZB unter Beachtung der durch

die Verordnung des EU-Rats über die Anwendung von Mindestreserven festgelegten Höchstgrenzen bestimmt und kann jederzeit geändert werden. Die Höhe muss vor der ersten Erfüllungsperiode, ab der die Änderung gilt, bekannt gegeben werden. Bei der Ermittlung der Mindestreservebasis spielt eine Rolle, ob das betreffende Institut der vollen Meldepflicht zur Geld- und Bankenstatistik unterliegt oder ob es sich um ein kleines Institut handelt, für das ein vereinfachtes Meldeverfahren zugelassen ist. Bei einem Institut der ersten Gruppe werden die Monatsendstände von den relevanten Bilanzpositionen als Grundlage für die im darauf folgenden Kalendermonat beginnende Erfüllungsperiode verwendet. Bei den Instituten, die das vereinfachte Meldeverfahren anwenden, werden die Quartalsendstände der relevanten Bilanzpositionen mit einer Verzögerung von einem Monat zur Ermittlung der Mindestreservebasis der auf diesen Monat folgenden nächsten drei einmonatigen Erfüllungsperioden verwendet.

Für die Erfüllungsperioden gilt jeweils das Prinzip der Durchschnittserfüllung, das heißt, das Mindestreservesoll muss nur im Durchschnitt der Erfüllungsperiode gehalten werden.

5. *Mindestreserve-Ist:* Die Haltung der Mindestreserven erfolgt auf Reservekonten bei den nationalen Zentralbanken. Dazu muss jedes mindestreservepflichtige Institut mindestens ein Konto bei der nationalen Zentralbank des Mitgliedstaates führen, in dem es niedergelassen ist. Hat ein Institut in einem Mitgliedstaat mehrere Niederlassungen, so ist die Hauptverwaltung für die Haltung der gesamten Mindestreserven verantwortlich. Unterhält ein Institut Niederlassungen in mehreren Mitgliedsländern, so müssen diese entsprechend ihrer Mindestreservebasis bei den nationalen Zentralbanken der jeweiligen Mitgliedstaaten Mindestreserven unterhalten. Mindestreserven müssen nicht notwendig auf gesonderten Konten gehalten werden. Auch die bei den nationalen Zentralbanken für die Abwicklung des Zahlungsverkehrs eingerichteten Konten können genutzt werden. Das Mindestreserve-Ist eines Tages ergibt sich aus dem Tagesendstand dieser Konten.

Die durchschnittlichen Mindestreserveguthaben werden (gewogen mit der Anzahl der Kalendertage) zum Zinssatz, der für das Hauptrefinanzierungsgeschäft gilt, verzinst. Die Mindestreservepflicht ist erfüllt, wenn die Tagesendstände während einer Erfüllungsperiode im Durchschnitt mindestens dem Reservesoll der Erfüllungsperiode entsprechen.

6. *Sanktionen*: Wird die Reservepflicht nicht eingehalten, so kann die EZB nach der Verordnung des EU-Rates über die Anwendung von Mindestreserven von folgenden Sanktionsmöglichkeiten Gebrauch machen:

(1) Zahlung eines Strafzinses, wobei der Mindestreservefehlbetrag mit einem Satz verzinst wird, der bis zu fünf Prozentpunkte über dem Satz der Spitzenrefinanzierungsfazilität liegen darf.

(2) Zahlung eines Strafzinses, wobei der Mindestreservefehlbetrag mit einem Satz verzinst wird, der bis zum Doppelten des Satzes der Spitzenrefinanzierungsfazilität betragen kann.

(3) Verlangen, bei der EZB oder den nationalen Zentralbanken unverzinsliche Einlagen bis zur dreifachen Höhe des Mindestreservefehlbetrages zu unterhalten, wobei die Laufzeit dieser Einlagen maximal so groß sein darf wie der Zeitraum, für den das betreffende Institut seine Mindestreserveverpflichtung nicht erfüllt hat.

(4) Über diese drei Sanktionsmöglichkeiten hinaus Aussetzung des Zugangs der betreffenden Institute zu den ständigen Fazilitäten und den Offenmarktgeschäften des ESZB.

(5) Schließlich Ausschluss der betreffenden Institute von der Durchschnittserfüllung, das heißt Verlangen der EZB, dass das Reserve-Soll täglich eingehalten wird. *[ASH]*

Monatsberichte der Deutschen Bundesbank

Periodische Publikation der Bundesbank. *[CMN]*

Monetäre Finanzinstitute (MFIs)

Monetary Financial Institutions; nach Definition der Europäischen Zentralbank (EZB) die nationalen Zentralbanken (NZB), gebietsansässige Kreditinstitute im Sinne des EU-Rechts (Einlagenkreditinstitute) und andere Unternehmen (vornehmlich Einlagenfonds), deren Tätigkeit darin besteht, Einlagen beziehungsweise Einlagensubstitute im engeren Sinne von anderen Personen entgegenzunehmen und Kredite (zumindest im wirtschaftlichen Sinne) auf eigene Rechnung zu gewähren und/oder in Wertpapieren zu investieren. *[CMN]*

Münzen

Geprägte Metallstücke, die im Unterschied zu Medaillen regelmäßig als Geld verwendet werden. Stoffliche Grundlage waren bis in das 20. Jahrhundert die Edelmetalle Gold und Silber, deren Nennwert dem Marktwert der Münzen entsprechen sollte. Vom Gewicht, dem ursprünglichen Maßstab, zeugen noch heute die Namen einiger Währungen (z.B. Pfund). Münzen waren vor den Banknoten die ersten gesetzlichen Zahlungsmittel. Auch heute gilt für Scheidemünzen ein beschränkter Annahmezwang. EU-Währungsrecht (Euro-Münzen; Artikel 128 AEUV) und deutsches Münzgesetz schreiben unterwertige Prägungen zwar nicht ausdrücklich vor; aus wirtschaftlichen Gründen ist ihr Metallwert aber niedriger als der Nennwert. Daher werden als Münzmetalle nur noch Kupfer, Nickel und Zink (zu Legierungen) benutzt. Münzen können auch als Gedenkmünzen oder Sammlermünzen ausgegeben werden. *[CMN]*

Münzgeld

Geld in Form von geprägten Metallstücken (Scheidemünzen). Im Eurosystem seit 1.1.2002 Münzen, die auf die einheitliche Währung Euro oder deren Untereinheit Cent lauten. *[CMN]*

Münzhoheit

Kompetenz des Bundes nach Artikel 73 I Nr. 4 GG zur ausschließlichen Gesetzgebung über das Münzwesen. Von seiner Münzhoheit hat der Bund 1950 durch Erlass des Gesetzes „über die Ausprägung von Scheidemünzen" (MünzG) Gebrauch gemacht, das Ende 1999 im Hinblick auf die deutsche Teilnahme an der Europäischen Wirtschafts- und Währungsunion den hierfür geltenden EU-Rechtsakten angepasst wurde (MünzG vom 16.12.1999, BGBl. I S. 2402, zuletzt geändert durch Gesetz vom 22.12.2011, BGBl. I S. 2959). Stückelung und technische Merkmale der Euro-Münzen legt der Rat der Europäischen Union (EU) fest (Artikel 128 II AEUV). *[CMN]*

Münzregal

Alte Bezeichnung für staatliches („königliches") Recht, Münzen zu prägen und in den Verkehr zu bringen. Sind die Herstellungskosten der Münzen geringer als ihr Nennwert, entsteht ein Münzgewinn, der dem Inhaber des Münzregals zufließt. Das Münzregal steht in der Bundesrepublik Deutschland dem Bund zu (Artikel 73 I Nr. 4 GG). Die Münzen werden von der Deutschen Bundesbank in Umlauf gebracht. Im Rahmen der Europäischen Wirtschafts- und Währungsunion (EWWU) liegt das Münzregal nur noch teilweise bei den Mitgliedstaaten; der Umfang der Münzausgabe bedarf der Genehmigung durch die Europäische Zentralbank (EZB) (Artikel 128 II AEUV). Die Euro-Münzen aller Mitgliedstaaten sind in jedem EU-Mitgliedstaat, der an der Währungsunion teilnimmt, gesetzliches Zahlungsmittel. Insoweit hat der Bund sein bisheriges Monopol verloren.

Vom Münzregal ist der engere Begriff der *Münzhoheit* zu unterscheiden, der die Regelung des Münzwesens als staatliche Aufgabe kennzeichnet. *[CMN]*

Nominalismus

Nennwertprinzip, Nominalprinzip

1. *Begriff:* Grundsatz der Währungs- und Wirtschaftsordnung, dass eine Geldschuld durch eine bestimmte Anzahl von Geldzeichen in Höhe der vereinbarten Geldsumme ohne Rücksicht auf deren Geldwert getilgt wird. Geschuldet wird also der Geldbetrag, auf den die Schuld lautet (Entstehungsbetrag). Zwischenzeitlich eingetretene Änderungen im Geldwert haben im Gegensatz zum Valorismus keinen Einfluss auf die Leistungshöhe (Euro gleich Euro = Nennwertprinzip).

2. *Nennwertprinzip im Schuldrecht:* Der Nominalismus ist ein allgemeines Rechtsprinzip dispositiven Charakters, wonach Geldschwankungen bei Schuldverhältnissen unberücksichtigt bleiben. Im Einzelfall können die Vertragsparteien von ihm abweichen. Der geldschuldrechtliche Nominalismus gilt nur für die sogenannte Geldsummenschuld. In der Wirtschaftsverfassung erfüllt der geldschuldrechtliche Nominalismus eine ordnungspolitische Funktion; im Zweifel hat der Gläubiger einer Geldschuld das Geldentwertungsrisiko zu tragen.

3. *Nennwertprinzip im Wirtschaftsrecht:* Der Staat hat den Vertragsparteien eine Abkehr vom Nominalismus durch Vereinbarung von Wertsicherungsklauseln untersagt. Damit ist der Nominalismus eine Einschränkung der Vertragsfreiheit, die den Schutz der nationalen Wirtschaft und ihrer Stabilität zum Ziel hat. Für die Bundesrepublik Deutschland bestimmt § 1 I Preisklauselgesetz (PrKG vom 7.9.2007, BGBl. I S. 2246, zuletzt geändert durch Gesetz vom 29.7.2009, BGBl. I S. 2355) das grundsätzliche Verbot von Preisklauseln, ein Genehmigungserfordernis für Wertsicherungsklauseln ist entfallen. Ausnahmen vom Preisklauselverbot finden sich in den §§ 2-7 PrKG.

4. *Nominalismus im Steuerrecht:* Von der Maßgeblichkeit des Nominalismus profitiert der Staat als Steuergläubiger, weil bei der Berechnung der zu entrichtenden Steuer die Nennbeträge und nicht der Gewinn nach

Abzug der Geldentwertung (Inflation) zugrunde gelegt werden. Das Bundesverfassungsgericht hat diese Handhabung ausdrücklich mit dem Hinweis auf die verfassungsrechtliche Anerkennung des Nennwertprinzips gebilligt. *[CMN]*

Notenausgabemonopol

Notenprivileg; ausschließliche Befugnis der Zentralbank zur Ausgabe von Banknoten. Das Notenausgabemonopol in der Bundesrepublik Deutschland hat nach § 14 BBankG die Deutsche Bundesbank. Das Emissionsrecht für Münzen (Münzregal) liegt beim Bund. Von 1948 bis 1957 stand der Bank deutscher Länder das Notenausgabemonopol zu (und bis 1950 auch das Emissionsrecht für Münzen). Seit 1.1.1999 verfügt die Europäische Zentralbank (EZB) über das ausschließliche Recht, die Ausgabe von Banknoten innerhalb des Euro-Währungsgebietes zu genehmigen. Die EZB ist darüber hinaus nach Artikel 128 I AEUV im Rahmen der Europäischen Wirtschafts- und Währungsunion neben den nationalen Zentralbanken (NZB) direkt zur Ausgabe von Banknoten berechtigt. *[CMN]*

Notenbank

Bank, die das Recht zur Notenausgabe besitzt. Notenbanken waren ursprünglich private Banken. Unkontrollierte Geldschöpfung der Privatnotenbanken verursachte Funktionsstörungen des Geldwesens und führte zur Übertragung des Notenausgaberechts auf staatliche Zentralbanken, die damit in der Regel ein Notenausgabemonopol (Notenprivileg) erhielten. Daher rührt auch die synonyme Verwendung des Begriffes Zentralnotenbank beziehungsweise Zentralbank. Notenbanken sind z.B. die Europäische Zentralbank (EZB) und die Deutsche Bundesbank. *[CMN]*

Notenbankfähige Wechsel

1. Allgemeines: Wechsel, die den sachlichen und förmlichen Voraussetzungen zur Rediskontierung bei der Zentralbank entsprechen (rediskontfähige Wechsel).

2. Eurosystem und Deutsche Bundesbank: Die von Banken innerhalb des Eurosystems bereitgestellten Wechsel müssen bestimmte Voraussetzungen beziehungsweise Zulassungskriterien erfüllen, die im Einheitlichen Sicherheitenverzeichnis der Europäischen Zentralbank (EZB) festgelegt sind, um als notenbankfähige Sicherheiten zu gelten.

In der Bankbilanz werden notenbankfähige Wechsel als Abschnitte ausgewiesen, die zur Refinanzierung bei Zentralnotenbanken zugelassen sind. Die bei der Deutschen Bundesbank im Rahmen des Eurosystems refinanzierbaren Wechsel sind in einem ausgegliederten Vermerk anzugeben (§ 13 II RechKredV – Verordnung über die Rechnungslegung der Kreditinstitute und Finanzdienstleistungsinstitute [Kreditinstituts-Rechnungslegungsverordnung] vom 11.12.1998, BGBl. I S. 3658, zuletzt geändert durch Gesetz vom 17.7.2015, BGBl. I S. 1245). *[CMN]*

Notenemission

Ausgabe von Banknoten durch eine Zentralbank (als Notenbank mit Notenausgabemonopol, im Unterschied zu früher, als daneben bis ins 20. Jahrhundert auch noch Privatnotenbanken existierten). *[CMN]*

Numéraire

Wertmaß für Rechnungs- und Währungseinheit. Im Europäischen Währungssystem diente die Europäische Währungseinheit (ECU) als Numéraire (Bezugsgröße) für den Wechselkursmechanismus (I). Im neuen Wechselkursmechanismus II kommt seit dem 1.1.1999 dem Euro diese Funktion zu. *[CMN]*

© Springer Fachmedien Wiesbaden GmbH, ein Teil von Springer Nature 2020
L. Gramlich et al. (Hrsg.), *180 Keywords Geld- und Währungsrecht*,
https://doi.org/10.1007/978-3-658-28297-4_14

Offenmarktgeschäfte des ESZB

Durch Offenmarktgeschäfte des ESZB wird die Zentralbankgeldmenge in der Wirtschaft unmittelbar verändert. Das Europäische System der Zentralbanken (ESZB) kann grundsätzlich vier Arten von Offenmarktgeschäften gegenüber Geschäftspartnern einsetzen:

a) Hauptrefinanzierungsgeschäfte des ESZB (das heißt liquiditätszuführende befristete Transaktionen in wöchentlichem Abstand mit siebentägiger Laufzeit; sie stellen das wichtigste geldpolitische Instrument des ESZB dar);

b) längerfristige Refinanzierungsgeschäfte des ESZB (das heißt liquiditätszuführende befristete Transaktionen in monatlichem Abstand und mit dreimonatiger Laufzeit, die einen begrenzten Teil des globalen Refinanzierungsvolumens ausmachen sollen) auf der Basis von Standardtendern;

c) Feinsteuerungsoperationen des ESZB zur Beeinflussung der Marktliquidität oder der Zinssätze, insbesondere zum Ausgleich unerwarteter Liquiditätsschwankungen, werden entsprechend den jeweiligen Umständen und besonderen Zielen mit Schnelltendern und bilateralen Geschäften durchgeführt; Angebot und Laufzeit richten sich nach den aktuellen geldpolitischen Erfordernissen.

d) Darüber hinaus dienen strukturelle Operationen des ESZB dazu, die strukturelle Liquiditätsposition des Bankensystems mittels Standardtendern und bilateralen Geschäften gegenüber dem ESZB zu beeinflussen.

Für die Durchführung offenmarktpolitischer Operationen stehen im ESZB grundsätzlich Tenderverfahren (Tenderoperationen des ESZB) und bilaterale Geschäfte zur Verfügung. Während es sich bei Tenderverfahren um Versteigerungsverfahren handelt, stellen bilaterale Geschäfte Direktabschlüsse ohne Tenderprozedur dar. [CRU]

Outright Monetary Transactions

Geldpolitische Outright-Geschäfte; Programm des EZB-Rats zum Ankauf von Staatsanleihen, in dessen Rahmen Anleihen bestimmter Euroländer in vorab nicht explizit begrenzter Höhe auf dem Sekundärmarkt erworben werden können, um einen angemessenen monetären Transmissionsprozess und die Einheitlichkeit der Geldpolitik sicherzustellen. Voraussetzung für den Ankauf von Staatsanleihen im Rahmen des OMT-Programms ist, dass der betreffende Staat sich Auflagen im Rahmen eines EFSF-/ESM-Programms unterwirft. Das OMT-Programm soll durch Wertpapierkäufe geschaffenes Zentralbankgeld „sterilisieren", das heißt dem Geldmarkt diese Mittel wieder entziehen, und soll eingestellt werden, wenn die damit verfolgten Ziele erreicht sind oder festgestellt wird, dass Anforderungen des Programms nicht eingehalten werden. Die geldpolitischen Outright-Geschäfte haben im Herbst 2012 das Programm für die Wertpapiermärkte (Securities Markets Programme, SMP) abgelöst. *[LGR]*

Papierwährung

Währung, bei der Banknoten (Papiergeld) gesetzliches Zahlungsmittel sind. Daneben umlaufende Scheidemünzen haben nur im begrenzten Maße Zahlungsmittelfunktion. Neben Papiergeld ist Giralgeld getreten, aber kein gesetzliches Zahlungsmittel geworden.

Im Gegensatz zur Goldwährung kann die Zentralbank, unabhängig von der Knappheit des Währungsmetalls, ihre Geldpolitik bei einer Papierwährung ausschließlich nach gesamtwirtschaftlichen Zielsetzungen ausrichten, wie z.b. die Deutsche Bundesbank oder die Europäische Zentralbank, die die Geldmenge mit dem Ziel der Sicherung der Geldwertstabilität steuer(te)n. Moderne Geldwirtschaften kennen keine Deckungsverpflichtungen. Ihren Zentralbanken kommt die Aufgabe zu, eigenverantwortlich Maßstäbe und Steuerungsverfahren zu entwickeln, mit deren Hilfe das Wachstum der Geldbestände richtig gemessen, wirksam beschränkt und zielgerichtet dosiert werden kann. Die Papierwährung wird daher als freie, manipulierbare Währung bezeichnet. *[CMN]*

Privatnotenbank

Private Geschäftsbanken mit dem Recht zur Ausgabe von Banknoten in Deutschland neben der Reichsbank als Notenbanken bis 1935 existent. *[LGR]*

Programm zum Ankauf forderungsbasierter Wertpapiere

Engl. *Asset Backed Securities Purchase Programme* (ABSPP); im September 2014 vom Rat der Europäischen Zentralbank (EZB) in Verbindung mit dem Programm zum Ankauf gedeckter Schuldverschreibungen beschlossen, soll durch den Ankauf von ABS-Papieren am Primär- und Sekundärmarkt die Transmission der Geldpolitik verstärken, die Kreditversorgung der Wirtschaft in der Eurozone unterstützen und dadurch eine weitere geldpolitische Lockerung bewirken. Das übergeordnete Ziel des Programms ist es, das Niveau der Inflationsrate wieder auf eine Ebene zu heben, die näher an 2 Prozent liegt. *[LGR]*

Public Sector Purchase Programme

Seit März 2015 laufendes Programm der Europäischen Zentralbank (EZB) zum Ankauf (nur am Sekundärmarkt) von Anleihen von in der Eurozone ansässigen Zentralstaaten, Emittenten mit Förderauftrag und europäischen Institutionen, seit Dezember 2015 erstreckt auf Anleihen regionaler und lokaler Gebietskörperschaften. Ab März 2016 wurde die je Emittent und Emission geltende Obergrenze für Ankäufe von Wertpapieren zugelassener internationaler Organisationen und multilateraler Entwicklungsbanken von 33 Prozent auf 50 Prozent erhöht. Wertpapiere europäischer Institutionen, deren Anteil an den Ankäufen von Vermögenswerten im PSPP heute 10 Prozent beträgt, werden nur von nationalen Zentralbanken (NZBen) erworben. Die übrigen Ankäufe von Vermögenswerten werden von den NZBen und der EZB durchgeführt. Die nationalen Zentralbanken konzentrieren sich im Wesentlichen auf öffentliche Titel ihres jeweiligen Heimatlandes; Verluste aus Anleihen von Zentralstaaten, regionalen und lokalen Gebietskörperschaften sowie Emittenten mit Förderauftrag müsste die jeweilige NZB selbst tragen. Im Einklang mit der Verringerung des Anteils von Wertpapieren europäischer Institutionen auf 10 Prozent wurde der Anteil der EZB an den anderen angekauften Vermögenswerten, für die eventuelle Verluste gemeinsam zu tragen wären, (von 8 Prozent auf 10 Prozent erhöht. Im Ergebnis unterliegen somit 20 Prozent der Ankäufe von Vermögenswerten im PSPP dem Prinzip der Risikoteilung, für 80 Prozent der erworbenen Titel ist diese ausgeschlossen. *[LGR]*

Quantitative Easing

Geldpolitische Maßnahmen von Zentralbanken (etwa des FED oder der EZB) mit dem Ziel, die langfristigen Zinsen zu senken und zusätzliche Liquidität ins Bankensystem zu schleusen. Bei einer quantitativen Lockerung kauft eine Zentralbank in großem Umfang Anleihen an, insbesondere langlaufende Staatsanleihen (z.B. Asset Purchase Programme des Eurosystems), was in der Tendenz einen Anstieg der Anleihekurse und eine Senkung der entsprechenden Renditen bewirkt und in der Folge das allgemeine Zinsniveau am Anleihemarkt beeinflusst. Zentralbanken greifen im letzten Jahrzehnt insbesondere dann zu Quantitative Easing, wenn die kurzfristigen Zinsen bereits nahe bei Null liegen. Beim Ankauf von Anleihen wird Zentralbankgeld geschaffen, dessen Menge (Quantität) nimmt also zu. Von solch' quantitativer Lockerung unterscheidet sich eine Lockerung der Geldpolitik durch Senkung der Leitzinsen. *[LGR]*

Refinanzierungsfähige Sicherheiten

1. *Charakterisierung:* Aus dem Kreis von Sicherheiten, die im Rahmen des Einsatzes von Offenmarktinstrumenten des Europäischen Systems der Zentralbanken (ESZB) in Betracht kommen, wurden bis Ende 2006 zwei Gruppen von refinanzierungsfähigen Sicherheiten unterschieden:

a) Kategorie-1-Sicherheiten (K1), die ausschließlich marktfähige Schuldtitel umfassen, die den von der Europäischen Zentralbank (EZB) festgelegten einheitlichen und in der gesamten Währungsunion geltenden Zulassungskriterien entsprechen (ESZB-Schuldverschreibungen und sonstige marktfähige Schuldtitel mit Ausnahme von „hybriden" Sicherheiten).

b) Kategorie-2-Sicherheiten (K2), die weitere marktfähige Sicherheiten (marktfähige Schuldtitel) und nicht marktfähige Schuldtitel (einschließlich an einem Geregelten Markt gehandelte Aktien) betreffen, die für die nationalen Finanzmärkte und Bankensysteme von besonderer Bedeutung sind. Über deren Notenbankfähigkeit entschieden die nationalen Zentralbanken (NZB) im ESZB auf der Basis von EZB-Mindeststandards.

Seit 2007 werden die Kategorie-1-Sicherheiten komplett und maßgebliche Kategorie-2-Sicherheiten in erweiterter definitorischer Abgrenzung zu einem einheitlichen Sicherheitenrahmen, dem sogenannten Einheitlichen Sicherheitenverzeichnis verschmolzen. In Bezug auf Qualität und Eignung hinsichtlich einzelner Kreditoperationen existieren zwischen marktfähigen und nicht marktfähigen Sicherheiten in der Regel keinerlei Unterschiede. Daher sind beide Arten von Sicherheiten über das Korrespondenz-Zentralbankmodell (CCBM) und – im Fall von marktfähigen Sicherheiten – über zugelassene Verbindungen zwischen Wertpapierabwicklungssystemen im Eurosystem grenzüberschreitend nutzbar. Das Eurosystem behält sich jedoch vor, einzelne Sicherheiten jederzeit zur Besicherung von Kreditgeschäften auszuschließen.

2. Zur Risikokontrolle kommen unterschiedliche *Sicherheitsmargen*, die von der Laufzeit der Refinanzierungsgeschäfte des ESZB abhängig sind, und unter Umständen auch besondere Bewertungsabschläge (in Abhängigkeit von der Restlaufzeit der Sicherheiten und ihrer Marktgängigkeit) zur Anwendung. Letztere betreffen gegebenenfalls die mit bestimmten Sicherheiten verbundenen besonderen Risiken (Aktienkurs-, Währungsrisiko). Die Höhe der Margen hängt davon ab, ob die Sicherheit für Innertagesüberziehungen und Übernachtkredite, also kurzfristige Refinanzierungen, oder für längerfristige Refinanzierungsgeschäfte genutzt wird. *[CMN]*

Reichsbank

Zentralnotenbank des Deutschen Reiches von 1876 bis 1945 (Liquidation durch Gesetz 1961). Die Reichsbank entstand 1875 durch Umwandlung der Preußischen Bank und begann ihre Tätigkeit am 1.1.1876. Die Reichsbank war eine einstufig, öffentlich-rechtlich organisierte Zentralbank mit einem in handelbare Anteilscheine aufgeteilten Grundkapital. *[CMN]*

Reichsmark

Währungseinheit, die 1924 im Deutschen Reich zur Ablösung der Rentenmark geschaffen wurde, abgelöst durch die Deutsche Mark in Westdeutschland aufgrund der Währungsreform am 21.6.1948. Die Reichsmark war eine Goldwährung. Der Notenumlauf der Reichsbank musste nach dem Bankgesetz von 1924 eine Deckung von mindestens 40 Prozent in Gold (mindestens 75 Prozent der Gesamtdeckung) und Devisen haben (sogenannte Golddevisenstandard). *[CMN]*

Reservepositionen im IWF

Währungsreserven, die im Allgemeinen aus Ziehungsrechten (Kredite im Rahmen der Reservetranche) der Mitgliedstaaten gegenüber dem

Internationalen Währungsfonds (IWF) bestehen, darüber hinaus aber auch Mittel des IWF aufgrund besonderer Kreditvereinbarungen (*General Arrangement to Borrow, New Arrangement to Borrow*) mit einzelnen Staaten umfassen können. *[CMN]*

Reservewährung

Nationale Währung oder Währungskorb, die/der von Zentralbanken anderer Länder zur Bildung von Währungsreserven herangezogen wird. Die Reservewährung kann aufgrund internationaler Abkommen die Funktion einer Leitwährung und auch aufgrund einer dominierenden wirtschaftlichen Stellung des betreffenden Staates die Funktion einer international anerkannten und gebräuchlichen Rechnungs- und Zahlungseinheit ausüben. Für das Reservewährungs-Land entstehen Auslandsverbindlichkeiten, wenn seine Währung Reservefunktion in anderen Ländern erfüllt; andererseits stellt die Reservewährung in diesen Staaten eine Auslandsforderung dar (Nettoauslandsposition). *[CMN]*

RTGS

1. Begriff: RTGS (*Real Time Gross Settlement*) bezeichnet ein Echtzeitbruttozahlungsverkehrssystem für die Abwicklung von Transaktionen zwischen Finanzinstitutionen, insbesondere Banken. Dabei werden alle Transaktionen bereits zum Zeitpunkt ihrer Entstehung bearbeitet und unverzüglich, final und unwiderruflich abgewickelt.

2. Europäisches System der Zentralbanken: Zur Abwicklung des internationalen Zahlungsverkehrs betreibt das Europäische System der Zentralbanken (ESZB) das größte RTGS-System in Europa, das sogenannte TARGET-System (*Trans-European Automated Real-time Gross settlement Express Transfer system*). TARGET wurde vom Eurosystem seit seiner Gründung 1999 bis 18.11.2007 betrieben und sodann durch TARGET2 abgelöst.

3. Deutsche Bundesbank: Um die im Zuge der Wirtschafts- und Währungsunion notwendige Anbindung an das TARGET-System des ESZB zu gewährleisten, führte die Deutsche Bundesbank zum 5.11.2001 ein neues Großzahlungsverkehrsverfahren mit dem Namen „RTGS^plus" (*Real Time Gross Settlement*) ein, das neben Echtzeitverarbeitung auch Liquiditätsmanagement sowie interaktive Informations- und Steuerungsfunktionen bot. Im Zuge dessen wurden die beiden Bundesbankverfahren ELS (Elektronischer Schalter der Deutschen Bundesbank) und Euro Access Frankfurt (EAF) (seit 2004) eingestellt. RTGS^plus verwendete international gebräuchliche SWIFT-Standards in den Datenformaten und S.W.I.F.T.-Services in der Kommunikationstechnik.

Das RTGS^plus-System der Bundesbank wurde am 19.11.2007 durch das TARGET2-System abgelöst; seither existiert ein einheitliches RTGS-System für das Eurosystem. *[CMN]*

Satzung der Deutschen Bundesbank

Vom früheren Zentralbankrat der Deutschen Bundesbank beschlossene, einer Genehmigung durch die Bundesregierung unterliegende Rechtsvorschrift, die im Wesentlichen Vorschriften des Bundesbankgesetzes (BBankG) über die Arbeitsweise und das Verhältnis der Organe zueinander näher ausgestaltete (§ 34 BBankG a.f.). Mit der Schaffung des Vorstands der Deutschen Bundesbank als eines einheitlichen Leitungsgremiums war diese Kompetenzverteilung nicht mehr nötig, so dass § 34 BBankG im Rahmen der Siebten Novelle des Bundesbankgesetzes (vom 23.3.2002, BGBl. I S. 1782) gestrichen wurde. Der Vorstand der Bundesbank hat (stattdessen) ein Organisationsstatut erlassen. *[CMN]*

Scheidemünzen

Unterwertig ausgeprägte Münzen. Der Metallwert von Scheidemünzen ist normalerweise geringer als der aufgeprägte Nennwert. Daraus schöpft der Staat, dem das Münzregal (Artikel 73 I Nr. 4 GG) zusteht, bei Ausgabe der Münzen einen Münzgewinn (Differenz zwischen Nennwert und Herstellungskosten). In Deutschland ist der Bund berechtigt, Euro-Münzen zu prägen und in den Verkehr bringen zu lassen. Scheidemünzen sind in der Bundesrepublik Deutschland ein beschränkt gesetzliches Zahlungsmittel. Mit Ausnahme von Bundes- und Landeskassen besteht für Münzen nur ein eingeschränkter Annahmezwang. Seit 2002 haben für mittlerweile 19 an der Europäischen Wirtschafts- und Währungsunion teilnehmende EU-Mitgliedstaaten Euro-Münzen die Scheidemünzen in der jeweiligen Landes- Währung ersetzt. Artikel 11 der Verordnung über die Einführung des Euro (VO [EG] 974/98 vom 3.5.1998, ABl. L 139, 1, zuletzt geändert durch VO [EU] Nr. 827/2014 vom 23.7.2014, ABl L 228, 3) sieht vor, dass bei einer einzelnen Zahlung nicht mehr als 50 Münzen angenommen werden müssen.

Um zu verhindern, dass wegen des Münzgewinns, der dem Bundeshaushalt zufließt, ein Konflikt mit der Aufgabe der Deutschen Bundesbank als Mitglied im Europäischen System der Zentralbanken (ESZB) entsteht, ist zur Ausgabe von Münzen die Zustimmung der Europäischen Zentralbank erforderlich (Artikel 128 II AEUV). Dieser Vorbehalt gilt auch für Gedenkmünzen und Sammlermünzen (§§ 2, 6 MünzG). *[CMN]*

Securities Markets Programme

Abkürzung SMP; Programm des Eurosystems zum Ankauf von Anleihen – insbesondere von Staatsanleihen – am Sekundärmarkt. Das vom Rat der Europäischen Zentralbank (EZB) 2010 beschlossene Programm wurde im Herbst durch die geldpolitischen Outright-Geschäfte (*Outright Monetary Transactions, OMT*) abgelöst. Das SMP sollte Störungen im geldpolitischen Transmissionsmechanismus entgegenwirken. Von Ankäufen am Primärmarkt wurde wegen des Verbots der monetären Staatsfinanzierung im Recht der Europäischen Union (EU) abgesehen. Der letzte Kauf im Rahmen des SMP fand im Februar 2012 statt. Die Zentralbanken (NZB) des Eurosystems halten die im Rahmen des Programms angekauften Staatsanleihen bis zur Endfälligkeit. *[LGR]*

Spitzenrefinanzierungsfazilität des ESZB

1. *Charakterisierung*: geldpolitisches Instrument des Europäischen Systems der Zentralbanken (ESZB), das die Geschäftspartner in Anspruch nehmen, um sich von den nationalen Zentralbanken Übernachtliquidität zu einem vorgegebenen Zinssatz gegen zentralbankfähige Sicherheiten zu beschaffen. Diese Kreditlinie ist zur Deckung eines vorübergehenden Liquiditätsbedarfs der Geschäftspartner bestimmt. Insofern entspricht dieses Instrument im Wesentlichen dem früheren Lombardkredit der Deutschen Bundesbank. Der Zinssatz dieser Fazilität bildet im Allgemeinen die Obergrenze des Tagesgeldsatzes, weil Nachfrager von Zentralbankliquidität am Geldmarkt keine höheren Zinsen zu akzeptieren brauchen. Für die Inanspruchnahme der Fazilität gelten im gesamten Euro-Währungsraum die gleichen Konditionen.

2. *Bedeutung*: Die nationalen Zentralbanken (NZB) können Liquidität im Rahmen der Spitzenrefinanzierungsfazilität des ESZB je nach Rechtsordnung entweder in Form von Pensionsgeschäften (das heißt, das Eigentum an der Sicherheit wird auf den Gläubiger übertragen, während die Parteien gleichzeitig vereinbaren, das Geschäft durch eine Rückübertragung des Vermögenswertes auf den Schuldner am folgenden Geschäftstag umzukehren) oder im Wege der „Verpfändungslösung" (Sicherheitenpool), also per Beleihung bereitstellen (dabei wird ein durchsetzbares Sicherungsrecht eingeräumt, wobei die Sicherheiten unter der Annahme, dass der Schuldner seine Verpflichtung erfüllen wird, im Eigentum des Schuldners verbleiben). In diesem Falle dienen die Pfandpools auch für Innertageskonto-Überziehungen (Giroüberzugslombard).

3. Vgl. auch das Stichwort „Ständige Fazilitäten des ESZB". *[ASH]*

Standardtender

1. *Charakterisierung:* Tenderverfahren des Europäischen Systems der Zentralbanken (ESZB), die jedem geldpolitischen Geschäftspartner die Teilnahme ermöglichen soll. Standardtender finden daher insbesondere bei der Durchführung der regelmäßigen Offenmarktgeschäfte in Form der Hauptrefinanzierungsgeschäfte des ESZB und der längerfristigen Refinanzierungsgeschäfte des ESZB Anwendung, können aber auch bei strukturellen Operationen des ESZB verwendet werden. Standardtender werden innerhalb von höchstens 24 Stunden von der Tenderankündigung bis zur Bestätigung des Zuteilungsergebnisses durchgeführt. Die EZB kann für einzelne Geschäfte den Zeitrahmen anpassen, wenn sie dies für angemessen hält.

2. Für das Verfahren bei Standardtendern sind folgende *Verfahrensschritte* mit einem Zeitvolumen von drei Tagen vorgegeben:

Schritt 1:

a) Tenderankündigung (durch die EZB über Wirtschaftsinformationsdienste);

b) Ankündigung durch die nationalen Zentralbanken über nationale Wirtschaftsinformationsdienste und direkt gegenüber einzelnen Geschäftspartnern (soweit erforderlich).

Schritt 2:
Vorbereitung und Abgabe von Geboten durch die Geschäftspartner

Schritt 3:
Zusammenstellung der Gebote durch das ESZB

Schritt 4:
Tenderzuteilung und Bekanntgabe der Tenderergebnisse:

(a) Zuteilungsentscheidung der EZB;
(b) Bekanntgabe des Zuteilungsergebnisses;

Schritt 5:
Bestätigung der einzelnen Zuteilungsergebnisse

Schritt 6:
Abwicklung der Transaktionen

Die *zeitliche Abfolge* ist so geregelt, dass Schritt 1 zwischen 15.30 und 16.00 Uhr des ersten Tages erfolgt, dem schließt sich ab 16.00 bis 9.30 Uhr des zweiten Tages Schritt 2 an (9.30 Uhr als Frist für die Abgabe der Gebote), dem Schritt 3 bis 10.30 Uhr folgt. Von 10.30 bis 11.15 Uhr folgten Schritt 4 (a) und bis 12.00 Uhr Schritt 4 (b) und bis 12.00 Uhr des zweiten Tages Schritt 5. Am dritten Tag schließt Schritt 6 die Tenderoperation ab.

Abschlusstag für Hauptfinanzierungsoperationen ist jeweils der Dienstag, für Refinanzierungsgeschäfte der Mittwoch (erster Mittwoch einer Mindestreserve-Erfüllungsperiode beziehungsweise erster Mittwoch jeden Monats, falls keine Mindestreservepflicht besteht). Einzelheiten regelt die Leitlinie (EU) 2015/2010 der EZB vom 19.12.2014 über die Umsetzung des geldpolitischen Handlungsrahmens des Eurosystems (EZB/2014/601), ABl L 91, 3. *[CMN]*

Ständige Fazilitäten des ESZB

1. *Begriff*: Teilbereich der Geldpolitik des ESZB, mit sowohl liquiditäts- als auch zinspolitischem Charakter.

2. *Arten*: Spitzenrefinanzierungsfazilität zur Deckung eines kurzfristigen Liquiditätsbedarfs (Spitzenrefinanzierungsfazilität des ESZB); Einlagefazilität zur Anlage von Übernacht-Liquidität (Einlagefazilität des ESZB).

3. *Zugang* zu den ständigen Fazilitäten des Europäischen Systems der Zentralbanken (ESZB) steht allen Instituten offen, die die allgemeinen Zulassungskriterien des ESZB erfüllen. Die Spitzenrefinanzierungsfazilität wird über die nationalen Zentralbanken (NZB) entweder als Übernacht-Pensionsgeschäft oder als Übernacht-Pfandkredit angeboten. Das Liquiditätsvolumen, das sich Institute über die Spitzenrefinanzierungsfazilität beschaffen können, ist prinzipiell unbegrenzt - vorausgesetzt, dass im entsprechenden Umfang refinanzierungsfähige Sicherheiten gestellt werden können. Analog dazu besteht für die Einlagefazilität keine Obergrenze. Allerdings behält sich die Europäische Zentralbank (EZB) vor, die Bedingungen für die ständigen Fazilitäten jederzeit zu ändern beziehungsweise diese ganz auszusetzen, falls sie dies geldpolitisch für geboten hält. *[ASH]*

Statistik über Auslandstöchter

Von der Deutschen Bundesbank nach Artikel 5 ESZB-Satzung in Verbindung mit § 18 BBankG angeordnete monatliche Erhebung über das Geschäft der ausländischen Kreditinstitute im Mehrheitsbesitz deutscher Kreditinstitute im Sinne des KWG, die teils im Rahmen der monatlichen Bilanzstatistik, teils im Rahmen des Auslandsstatus durchgeführt wird und Angaben über Aktiva und Passiva der ausländischen Tochterinstitute, deren Eventualverbindlichkeiten und von diesen abgeschlossene Finanz-Swaps verlangt, ferner einen Bericht über die Beteiligungen an ausländischen Töchtern. *[CMN]*

Statistische Angaben für das ESZB

Das Europäische System der Zentralbanken (ESZB) benötigt zur Festlegung und Durchführung der einheitlichen Geldpolitik monatlich angemessen gegliederte Geld- und Bankenstatistiken (Artikel 5 ESZB-Satzung) von den monetären Finanzinstituten (MFI). Die Angaben müssen so detailliert sein, dass eine flexible Berechnung der monetären Aggregate und ihrer Gegenposten im Euro-Währungsraum möglich ist. Die Bilanzstatistik kann auch die statistische Grundlage für die Mindestreservepflicht bieten.

Die monetären Aggregate können für den Euro-Währungsraum als Monatsendstände (das heißt Bestandsgrößen) und als daraus abgeleitete Veränderungswerte berechnet werden. Dabei sind gegebenenfalls Verfahren für die Bereinigung unterschiedlicher Bilanzierungspraktiken vorzusehen. Darüber hinaus braucht das ESZB beziehungsweise die Europäische Zentralbank (EZB) vierteljährlich einige weitere Untergliederungen der MFI-Bilanzpositionen.

Die EZB benötigt die aggregierte monatliche Bilanzstatistik mit den Positionen der MFI spätestens bis Geschäftsschluss am 15. Werktag nach Ablauf des Monats, auf den sich die Daten beziehen. Die vierteljährlichen Angaben müssen jeweils spätestens bis zum Geschäftsschluss am 28. Werktag nach dem Quartalsende vorliegen.

Der Datenbedarf der EZB orientiert sich generell an deren Instrumenten, Fristenkategorien, Währungen sowie Sektorengliederungen der MFI-Geschäftspartner. Da für Forderungen und Verbindlichkeiten gesonderte Anforderungen gelten, sind beide Bilanzseiten getrennt zu betrachten.

Aufgrund der mit der Datensammlung und -verwaltung verbundenen Eingriffe in Freiheitsrechte kann der Rat (der EU) den Kreis der berichtspflichtigen Personen, die Bestimmungen über die Vertraulichkeit und ihre Durchsetzung festlegen (Artikel 5.4 ESZB-Satzung), was mit der

Verordnung (EG) Nr. 2533/98 vom 23.11.1998 (ABl. L 318, 8, zuletzt geändert durch VO [EU] Nr. 2015/373 vom 5.3.2015, ABl. L 64, 6) geschehen ist. *[CMN]*

Stiftung Geld und Währung

Rechtsfähige Stiftung des öffentlichen Rechts mit Sitz in Frankfurt a.M. Der in § 11 des Gesetzes vom 27.12.2000 (BGBl. I S. 2045) normierte Zweck der Stiftung ist, das Bewusstsein der Öffentlichkeit für die Bedeutung stabilen Geldes zu erhalten und zu fördern; hierzu unterstützt sie die wirtschafts- und rechtswissenschaftliche Forschung insbesondere auf dem Gebiet des Geld- und Währungswesens. Das aus dem Nettoerlös der 1-DM-Goldmünzen bestehende anfängliche (und das durch Zuwendungen Dritter gemehrte) Stiftungsvermögen wird von der Deutschen Bundesbank verwaltet. Die Stiftung Geld und Währung leitet ein dreiköpfiger Vorstand, dieser unterliegt der Überwachung durch einen überwiegend seitens der Bundesbank bestellten Stiftungsrat, der auch über alle grundsätzlichen Fragen entscheidet. Die Rechtsaufsicht über die Stiftung nimmt das Bundesfinanzministerium wahr. *[CMN]*

Strukturelle Operationen des ESZB

1. *Charakterisierung*: regelmäßig oder unregelmäßig eingesetzte Offenmarktgeschäfte des ESZB in Ergänzung zu den Basisrefinanzierungen im Rahmen von Hauptrefinanzierungsgeschäften des ESZB und längerfristigen Refinanzierungsgeschäften des ESZB. Strukturelle Operationen des Europäischen Systems der Zentralbanken (ESZB) werden durchgeführt, wenn die Liquiditätsposition des Finanzsektors gegenüber dem ESZB strukturell angepasst werden soll.

2. *Instrumente zur Durchführung:*

a) befristete Transaktionen und/oder definitive Käufe zur Bereitstellung,

b) Emission von Schuldverschreibungen und/oder definitive Verkäufe zur Abschöpfung von Liquidität. Die Laufzeiten können standardisiert werden, aber auch nicht standardisiert sein.

Als *Verfahren* kommen grundsätzlich Standardtender (für befristete Transaktionen und die Emission von Schuldverschreibungen) und bilaterale Geschäfte (für definitive Käufe/Verkäufe) in Betracht. *[ASH]*

Taper tantrum

Verbindung von engl. *temper tantrum* (Wutanfall, Ausraster) und *Tapering*. Bezeichnung für heftige Reaktion der Märkte im Mai 2013, nachdem der Vorsitzende der FED bekannt gegeben hatte, die Anleihenkäufe zu reduzieren. Anleihenkurse brachen daraufhin schlagartig ein, Renditen schnellten in die Höhe, so dass es zu einer Art Schockwelle an den globalen Finanzmärkten kam, die insbesondere auch in Schwellenländern zu heftigen Verwerfungen der Kurse führte. *[LGR]*

Tapering

Engl. für reduzieren, schwächer werden. Im Zusammenhang der Geldpolitik Bezeichnung für die Rückführung expansiver geldpolitischer Maßnahmen. *[LGR]*

TARGET-System

Trans-European Automated Real-Time Gross Settlement Express Transfer System (Transeuropäisches automatisiertes Echtzeit-Brutto-Zahlungssystem); grenzüberschreitendes Zahlungsverkehrssystem des Europäischen Systems der Zentralbanken (ESZB), das als Interbank-Überweisungssystem konzipiert ist, um das Zusammenwachsen des Geldmarkts und damit die Einheitlichkeit der Geldpolitik zu unterstützen. Mit Hilfe dieses Systems können grenzüberschreitende Zahlungen in Euro ebenso reibungslos abgewickelt werden wie Inlandszahlungen. Im November 2007 löste das TARGET2-System das TARGET-System ab, das aus einem Verbund von nationalen RTGS-Systemen bestand. TARGET2 basiert auf einer einheitlichen einzigen technischen Plattform, besteht jedoch aus rechtlicher Sicht aus einer Vielzahl von Zahlungsverkehrssystemen, die von der jeweiligen Zentralbank betrieben werden; jede Zentralbank gilt als eigenständiger Systembetreiber. TARGET2 bietet den Nutzern ein vollständig harmonisiertes Leistungsangebot. Gleichzeitig verbleibt die individuelle Kundenbetreuung bei den jeweils zuständigen Zentralbanken. Das TARGET2-System dient der Durchführung von Großbetragszahlungen und zeitkritischen Zahlungen wie z.b. Zahlungen, die das Settlement anderer Zahlungssysteme ermöglichen (z.b. Continuous Linked Settlement oder EURO 1), sowie der Abwicklung von Geldmarkt-, Devisen- und Wertpapiergeschäften. Außerdem kann TARGET2 auch für Kleinbetragszahlungen genutzt werden. *[HKU]*

TARGET2

Abkürzung für *Trans-European Automated Real-Time Gross Settlement Express Transfer.* TARGET2 ist das Echtzeit-Brutto-Clearingsystem (RTGS-System) der Europäischen Zentralbank und der Notenbanken der Eurozone (das heißt die Zentralbanken der Mitgliedstaaten, die den Euro eingeführt haben). TARGET2 dient dem täglichen Transfer von Geldern zwischen den angeschlossenen Banken. Brutto bedeutet, dass jede einzelne Zahlung aus dem Zentralbankguthaben der auftraggebenden Bank ausgeführt wird. Über TARGET2 werden Zentralbankoperationen, Euro-Überweisungen aus Großbetragszahlungssystemen im Interbankenverkehr sowie andere Euro-Zahlungen verrechnet. Die Ausführung der Zahlungen erfolgt in Echtzeit, unwiderruflich und endgültig. *[KEI, JMO]*

Tenderoperationen des ESZB

1. *Charakterisierung:* Verfahren des Europäischen Systems der Zentralbanken (ESZB) im Rahmen von Offenmarktgeschäften entweder in Form von Standardtendern oder in Form von Schnelltendern als Alternative zu bilateralen Geschäften. Die Verfahren für Standardtender und Schnelltender unterscheiden sich nur hinsichtlich des Zeitrahmens und des Teilnehmerkreises (Geschäftspartner).

2. *Arten:*

a) *Mengentender (Festsatztender):* Die Europäische Zentralbank (EZB) gibt den Zinssatz vor und die Teilnehmer geben Gebote über den Betrag ab, den sie bereit sind, zu diesem Festsatz zu kaufen beziehungsweise zu verkaufen. Für die Zuteilung werden die von den Bietern eingereichten Gebote zusammengefasst. Übersteigt das gesamte Bietungsaufkommen den Gesamtbetrag, der zugeteilt werden soll, so werden die Gebote anteilig im Verhältnis des vorgesehenen Zuteilungsbetrags zum gesamten Bietungsaufkommen zugeteilt (Repartierung). Die EZB behält sich das Recht vor, bei Mengentendern jedem Bieter einen Mindestbetrag zuzuteilen.

b) *Zinstender (Tender mit variablem Zinssatz)*: Bei diesen kann die EZB entscheiden, die Zuteilung entweder zu einem Einheitssatz oder zu mehreren Sätzen vorzunehmen. Bei der Zuteilung zu einem einheitlichen Bietungssatz („holländisches Verfahren") erfolgt die Zuteilung bei allen zum Zuge kommenden Geboten zum marginalen Zinssatz (das heißt dem Zinssatz, bei dem der gesamte Zuteilungsbetrag erreicht wird). Bei einer Zuteilung nach dem „amerikanischen Verfahren" erfolgt die Zuteilung zu den individuellen Bietungssätzen. *[CMN]*

Tenderverfahren

Öffentliches Ausschreibungsverfahren; Unterbringungs- und Platzierungsmethode für Schatzwechsel, Bundeswertpapiere (insbesondere für Schatzanweisungen) und für die Durchführung von Wertpapierpensionsgeschäften. Die Durchführung erfolgt entweder als Standardtender, die innerhalb von drei Tagen angekündigt, zugeteilt und abgewickelt (insbesondere für Haupt- und längerfristige Refinanzierungsgeschäfte), oder als Schnelltender (insbesondere für Feinsteuerungsoperationen), die innerhalb weniger Stunden durchgeführt werden. Zu unterscheiden sind Mengen- und Zinstender sowie als Zuteilungsverfahren beim Zinstender das holländische Verfahren und das amerikanische Verfahren (Tenderoperationen des ESZB). *[CMN]*

Umstellungsgesetz

Gesetz, das die Durchführung der Währungsreform von 1948 regelte (Drittes Gesetz zur Neuordnung des Geldwesens vom 27.6.1948) und den Übergang zur Deutsche Mark (DM)-Währung herbeiführte. *[LGR]*

Valorismus

Währungstheoretische Auffassung, nach der sich bei einer Geldschuld der vom Schuldner zu leistende Geldbetrag (Leistungsumfang) dem schwankenden Geldwert anpassen soll, so dass dem Gläubiger der („ursprüngliche") Geldwert bis zum Erfüllungszeitpunkt erhalten bleibt. Im Unterschied zum Nominalismus trägt der Schuldner das Geldentwertungsrisiko. Der Valorismus hat sich in der Rechtsordnung und im Wirtschaftsverkehr nicht durchgesetzt. *[LGR]*

Valutaklausel

Wertsicherungsklausel, auch Preisklausel, bei der zur Sicherung gegen Währungsverfall die Höhe der Forderung nicht in inländischer Währung, sondern durch Bezugnahme auf eine ausländische Währung ausgedrückt wird. Da es sich bei der Valutaklausel um eine Preisklausel handelt, besteht nach dem Preisklauselgesetz (PrKG vom 7.9.2007, BGBl. I S. 2246, zuletzt geändert durch Gesetz vom 29.7.2009, BGBl. I S. 2355) ein grundsätzliches Verbot, wenn die Bezugsgröße nicht unmittelbar mit den vereinbarten Gütern oder Leistungen vergleichbar ist.

Arten:

Unechte Valutaklausel: Geschuldet wird der Gegenwert einer bestimmten Summe ausländischer Valuta, der in Euro entsprechend dem Devisenkurs zu zahlen ist.

Echte Valutaklausel: Geschuldet wird ausländische Währung, der Schuldner kann sich aber durch Zahlung in inländischer Währung zum Kurswert befreien (§ 244 BGB). *[CMN]*

Verfahrensregeln EMZ

Im Herbst 2011 von der Deutschen Bundesbank eingeführte Verfahrensregeln „zur Abwicklung von Dateien im DTA-Format per Datenfernübertragung (DFÜ) im Elektronischen Massenzahlungsverkehr (EMZ)";

betrifft Massenzahlungssystem zur Abwicklung nicht eilbedürftiger nationaler Zahlungen. Die Verfahrensregeln EMZ gelten für die Entgegennahme und Auslieferung von Überweisungen (Prior3-Zahlungen), Lastschriften und Zahlungsvorgängen aus dem beleglosen Scheckeinzug (BSE) sowie im imagegestützten Scheckeinzugsverfahren (ISE). Für die Übermittlung von Dateien stehen als Verfahren zur Verfügung: SWIFT-Net FileAct (SWIFT), EBICS und FinTS. Dabei sind je besondere Verfahrensregeln beziehungsweise -bedingungen zu beachten; ergänzend gelten die Allgemeinen Geschäftsbedingungen der Deutschen Bundesbank. *[LGR]*

Vorstand der Deutschen Bundesbank

Durch die 7. Novellierung des Bundesbankgesetzes (BBankG) vom 23.3.2002 (BGBl. I S. 1159) wurden zum 30.4.2002 die bisherigen Organe der Deutschen Bundesbank, nämlich Zentralbankrat, Direktorium und Vorstände der Landeszentralbanken, abgeschafft; einziges Organ ist seither gemäß § 7 II BBankG der Vorstand der Deutschen Bundesbank, der die Bundesbank leitet und verwaltet. Die 8. Novelle des BBankG vom 17.7.2004 (BGBl. I S. 1382) verkleinerte den Vorstand der Deutschen Bundesbank (von vormals acht) auf sechs Mitglieder, den Präsidenten, den Vizepräsidenten sowie vier weitere Mitglieder. Durch ein Organisationsstatut werden die Zuständigkeiten innerhalb des Vorstandes der Deutschen Bundesbank und im Hinblick auf die Hauptverwaltungen näher bestimmt. Der (ebenso wie der Vizepräsident und ein weiteres Vorstandsmitglied von der Bundesregierung benannte) Präsident hat nicht nur besondere Rechte als Vorsitzender des Gremiums (§ 7 V 3, 4 BBankG), sondern ist auch kraft Amtes Vertreter der (deutschen) nationalen Zentralbank im Rat der Europäischen Zentralbank (EZB), dem EZB-Rat. *[CMN]*

Währung

1. *Geldeinheit* (Währungseinheit) eines bestimmten Währungsgebietes, z.B. Deutsche Mark, Euro.

2. *Geldordnung* (Währungsordnung, Geldverfassung) eines Währungsgebietes, die auf einer bestimmten Geldeinheit (Währungseinheit) aufgebaut ist, z.B. Euro-Währung. Die Geldordnung kann der Staat kraft seiner Währungshoheit autonom regeln. Diese Befugnis steht in Deutschland nach Artikel 73 I Nr. 4 GG dem Bund als ausschließliches Gesetzgebungsrecht zu (Regelung der Münzhoheit, des Notenausgabemonopols). Mit dem Übergang in die Endstufe der Europäischen Wirtschafts- und Währungsunion (EWWU) ist die Währungshoheit für die teilnehmenden Länder am 1.1.1999 auf die Europäische Gemeinschaft (Europäische Union) übergegangen. Von der Geldordnung ist das Geldsystem zu unterscheiden; Geldsysteme sind Metallwährungen oder Papierwährungen.

Zur Kennzeichnung der *wirtschaftlichen Bedeutung* einer Währung werden die Begriffe Transaktionswährung, Anlagewährung (Denominationswährung), Reservewährung und Leitwährung verwendet. Von Transaktions-(oder auch Vehikel)währung wird z.B. im Devisenhandel gesprochen, wenn eine von allen Partnern akzeptierte Währung zwischengeschaltet wird (früher das Pfund Sterling, heute in erster Linie der US-Dollar sowie der Euro). Als Anlagewährung wird im internationalen Wirtschaftsverkehr eine Währung bezeichnet, die aufgrund der Wirtschaftspolitik des betreffenden Landes als besonders wertbeständig gilt (Währung von Hartwährungsländern, sogenannte Hartwährungen). Reservewährungen sind solche, die von Zentralbanken anderer Länder zur Haltung von internationaler Liquidität verwendet werden. Als Leitwährung bezeichnet man eine Währung, die für einen regional begrenzten Raum oder weltweit im Rahmen der Internationalen Währungsordnung eine dominierende Rolle spielt, wie der US-Dollar. *[CMN]*

Währungsbank

In Artikel 88 S. 1 GG verwendeter Begriff zur Aufgabenbeschreibung der Deutschen Bundesbank, der neben der technischen Ordnung des Geldwesens, wie der Versorgung der Volkswirtschaft mit Zahlungsmitteln, auch die Sicherung des Geldwertes umfasst. *[CMN]*

Währungsgebiet

Gebiet mit einheitlicher Währung, das einen oder mehrere Staaten umfassen kann, z.B. Währungsgebiet des US-Dollar. Im Allgemeinen ist das die jeweilige Währungsordnung räumlich eingrenzende Währungsgebiet mit dem betreffenden Staatsgebiet identisch; es kann sich jedoch auch auf mehrere staatliche Territorien erstrecken, wenn sich Länder, wie z.B. Belgien und Luxembourg, zu einer Währungsunion zusammenschließen. Seit dem 1.1.1999 bilden elf Mitgliedstaaten der Europäischen Union (EU) das Euro-Währungsgebiet; das Euro-Währungsgebiet ist bis 2018 um weitere acht auf neunzehn Mitgliedstaaten angewachsen. *[CMN]*

Währungsklausel

Vereinbarung (als besondere Form einer Wertsicherungsklausel) in einem Vertrag, die bei grenzüberschreitenden Geldverbindlichkeiten den monetären Wertmesser der Geldschuld und damit letztlich deren Betrag festlegt.

Bei einfachen Währungsklauseln wird die Geldschuld in der Währung des Staates des Gläubigers, des Schuldners oder eines dritten Landes bestimmt. Bei kombinierten Klauseln wird das Valutarisiko durch Aufspalten der Schuldsumme in Teil-Beträge verschiedener (Schuld-)Währungen auf die beteiligten Personen verteilt. Schließlich kann der Gläubiger berechtigt sein, für eine von mehreren in feste Beziehung gebrachten Währungen zu optieren (alternative Währungsklausel). *[CMN]*

Währungskorb

Verknüpfung mehrerer Währungen zu einer Währungseinheit, etwa beim Sonderziehungsrecht und im Europäischen Währungssystem (EWS). *[CMN]*

Währungsparität

Im Rahmen einer Internationalen Währungsordnung festgesetztes Austauschverhältnis einer Währung zu einer anderen Währung, zum Gold oder zu Sonderziehungsrechten (SZR). *[LGR]*

Währungsreform

1. *Allgemein:* Neuordnung des Geldwesens (Geldverfassung, Geldordnung, Währungsordnung), indem zur Wiederherstellung der Geldfunktionen eine neue Währung (Währungseinheit) geschaffen wird. Wesentlicher Bestandteil einer Währungsreform ist die Reduzierung der Geldmenge als Voraussetzung für eine funktionsfähige Geldpolitik. Zur Durchführung einer Währungsreform werden bestimmte Bestände in alter Währung in eine neue Währung umgetauscht und die bestehenden Geldvermögensbestände in der neuen Währungseinheit neu bewertet. In Rechtsvorschriften und in rechtsgeschäftlichen Erklärungen tritt die neue an die Stelle der alten Währungseinheit.

2. *Währungsreform 1948:* Gesetzliche Grundlagen der Währungsreform in der amerikanischen, britischen und französischen Besatzungszone vom 21.6.1948 waren das Währungsgesetz (Schaffung der neuen Währungseinheit Deutsche Mark, Ablieferungspflicht für Bestände an Reichsmark [RM], Erstausstattung mit Deutscher Mark [DM], das Emissionsgesetz (Notenausgabemonopol und Recht zur Ausgabe von Münzen für die Bank deutscher Länder, Anordnung der Haltung von Mindestreserven) und das Umstellungsgesetz (Regelung der Reichsmark-Guthaben, -Forderungen und -Schuldverhältnisse).

Im Zuge der Währungsreform erfolgte die Erstausstattung mit Deutscher Mark: natürliche Personen 60 DM (in zwei Raten von 40 und 20 DM) im Umtausch gegen 60 RM (Kopfgeld), Unternehmen und Freie Berufe 60 DM je Arbeitnehmer (Geschäftsbetrag), Gebietskörperschaften (Länder, Gemeinden, Gemeindeverbände) sowie Bahn und Post ein bestimmter Teil der Ist-Einnahmen eines bestimmten Halbjahres vor der Währungsreform.

Umstellung der RM-Schuldverhältnisse und der RM-Guthaben (Altguthaben): Die Umstellung erfolgte grundsätzlich im Verhältnis 10:1 (Ausnahmen: Löhne und Gehälter, Mieten, Pachten, Renten, Pensionen, Beiträge und Leistungen der Sozialversicherung 1:1). Altguthaben wurden im Verhältnis 100:6,5 umgestellt.

Die RM-Verbindlichkeiten zwischen Banken erloschen. Zur Sicherung von Verbindlichkeiten und zur Schaffung eines notwendigen Eigenkapitals wurden allen „Geldinstituten" (einschließlich Bausparkassen und Versicherungen) Ausgleichsforderungen gegen den Bund zugeteilt. Die Banken erhielten in Höhe von 15 Prozent der täglich fälligen Verbindlichkeiten und in Höhe von 7,5 Prozent der befristeten Verbindlichkeiten liquide Mittel. In Gesetzen, Verwaltungsvorschriften und rechtsgeschäftlichen Erklärungen (wie Tarifen oder Gesellschaftsverträgen) trat die DM im Verhältnis 1:1 an die Stelle früherer Währungsbezeichnungen (RM, Rentenmark, Mark).

In der Sowjetischen Besatzungszone und in Groß-Berlin wurde am 24.6.1948 eine Währungsreform mit einem Umstellungsverhältnis von 5:1 durchgeführt. Damit war die deutsche Währungseinheit beseitigt.

3. *Währungsreform (in der ehemaligen DDR) 1990:* Aufgrund des Vertrags über die Schaffung einer Währungs-, Wirtschafts- und Sozialunion zwischen der Bundesrepublik Deutschland und der DDR vom 18.5.1990 bildeten die beiden deutschen Staaten zum 1.7.1990 eine Währungsunion mit einem einheitlichen Währungsgebiet und der Deutschen Mark als gemeinsamer Währung. Die auf Mark der DDR lautenden

Verbindlichkeiten wurden auf DM umgestellt (Artikel 1 II Staatsvertrag). Guthaben natürlicher Personen mit DDR-Wohnsitz bei dortigen Geldinstituten wurden auf Antrag je nach Alter des Kontoinhabers bis zum Betrag von 2.000, 4.000 oder 6.000 Mark im Verhältnis 1:1 umgestellt, höhere Beträge sowie Guthaben von juristischen Personen und sonstigen Stellen dagegen 2:1, ebenso vor dem 1.1.1990 bestehende Guthaben von Personen außerhalb der DDR. Als Grundsatz für die Umstellung von auf Mark der DDR lautenden Verbindlichkeiten und Forderungen auf DM sah Artikel 7 § 1 I Staatsvertrag das Verhältnis 2:1 vor. Der Satz 1:1 galt für Löhne und Gehälter, Renten sowie Mieten, Pachten und sonstige regelmäßig wiederkehrende Leistungen (Artikel 7 § 1 II Staatsvertrag). *[CMN]*

Währungsreserve

1. *Allgemein:*

a) *Begriff:* von der Zentralbank eines Landes gehaltene Zahlungsmittel, die in anderen Staaten akzeptiert werden und die das jeweilige Land entweder nicht selbst schaffen kann oder die es unter Einsatz von Produktionsfaktoren bereitstellen muss (Gold, andere monetäre Metalle). Währungsreserven dienen der Sicherung der außenwirtschaftlichen Liquidität eines Landes, also der Stützung des Außenwertes der Währung.

b) *Hauptfunktionen:* Defizitfinanzierung der Leistungsbilanz, insbesondere Importüberschüsse, bei Aufrechterhaltung fester Wechselkurse. Ein hoher beziehungsweise zunehmender Bestand an Währungsreserven ist Zeichen einer stabilen Währung.

2. Dem Internationalen Währungsfonds (IWF) zufolge zählten zu den *Währungsreserven der Zentralbanken:* das Währungsgold, die kurzfristigen Forderungen in konvertierbaren Währungen, insbesondere in der Reservewährung US-Dollar, die Reserveposition im IWF (die sich aus den Ziehungsrechten und den Forderungen im Rahmen der Allgemeinen Kreditvereinbarungen zusammensetzt) und die Sonderziehungsrechte

(SZR). Zählt man die internationalen Kreditlinien mit zu den Währungsreserven, sind diese mit internationaler Liquidität gleichzusetzen. Diese
Gliederung wird auch von der Deutschen Bundesbank verwendet. Der
Nettobestand an Währungsreserven ergibt sich durch Abzug der Auslandsverbindlichkeiten. Die Währungsreserven sind Teil der Auslands-
position der Bundesbank (Auslandsvermögensstatus).

3. *Keine offiziellen Währungsreserven* sind die Devisenreserven der Kreditinstitute (Kapitalbilanz). *[ASH]*

Währungsunion

Zusammenschluss von Staaten zu einem einheitlichen Währungsgebiet. Der Zahlungs- und Kapitalverkehr zwischen den beteiligten Ländern muss völlig frei sein (Konvertibilität als Voraussetzung). Vorteile
einer Währungsunion sind Kosten- und Risikenreduzierung (z.B. Vermeidung von Transaktionskosten im Bereich der Wechselkurse, Ausschal-
tung von Wechselkursrisiken).

Mit einer Währungsunion ist nicht zwangsläufig die Einführung einer Ein-
heitswährung verbunden. Bei Beibehaltung der nationalen Währungen
müssen jedoch absolut feste Wechselkurse eingeführt werden (Wech-
selkursunion). Für Länder mit Überschüssen oder Defiziten in der Zahlungsbilanz ergibt sich eine Ausdehnung beziehungsweise eine Reduk-
tion der inländischen Geldmenge. Der Spielraum der Geldpolitik dieser
Staaten ist aufgrund der jeweiligen Zahlungsbilanzsituation beschränkt.
Der Verzicht auf eine autonome Geldpolitik kann Inflation oder Unterbe-
schäftigung bedeuten.

Beispiele für Währungsunionen sind die deutsch-deutsche Wirtschafts-,
Währungs- und Sozialunion zum 1.7.1990 sowie die seit dem 1.1.1999
innerhalb der Europäischen Union (EU) bestehende Europäische Wirt-
schafts- und Währungsunion (EWWU). *[CMN]*

Wechselkurspolitik

Gesamtheit aller Maßnahmen zur Gestaltung des Wechselkurssystems und zur Beeinflussung der Wechselkurse. Die Grundentscheidung beinhaltet die Wahl des Systems: feste Wechselkurse oder flexible Wechselkurse. Bei festen (aber anpassungsfähigen) Wechselkursen kann nur die Parität oder der Leitkurs geändert werden. Interventionen am Devisenmarkt sind bei Erreichen der Interventionspunkte zwingend vorgeschrieben; innerhalb der Bandbreite sind Interventionen möglich (intramarginale Interventionen). Bei flexiblen Wechselkursen wird im Rahmen eines *„Managed Floating"* (Floating) die Beeinflussung der Wechselkurse durch Interventionen der Zentralbanken in deren währungspolitisches Ermessen gestellt. Von Bedeutung sind dabei vor allem die außen- und binnenwirtschaftliche Lage eines Landes sowie geldpolitische Erwägungen. Die Ausgestaltung der Wechselkurspolitik ist abhängig von internationalen Vereinbarungen, wie z.B. dem Bretton-Woods-Abkommen (Internationaler Währungsfonds [IWF]) oder früher dem Europäischen Währungssystem (EWS). Negative Formen der Wechselkurspolitik sind das Währungs- beziehungsweise Valutadumping (Dumping) und die Beggar-my-Neighbour-Policy. *[LGR]*

Wechselkursregelungen im IWF

Nach der seit 1978 geltenden Fassung des IWF-Abkommens (Bretton-Woods-Abkommen) ist jedem Mitglied des Internationalen Währungsfonds (IWF) die Wechselkursregelung freigestellt. So kann sich das Mitgliedsland entscheiden zwischen Wechselkurssystemen, bei denen der Wechselkurs durch Angebot und Nachfrage nach der eigenen Währung auf den Devisenmärkten bestimmt wird (flexible Wechselkurse oder floatende Wechselkurse, Floating), und Systemen, die einen oder mehrere feste Bezugspunkte für die eigene Währung vorsehen, z.B. das SZR (Sonderziehungsrechte) oder eine einzige (z.B. US-Dollar) oder mehrere Währungen (z.B. Gemeinschaftsregelung wie beim früheren

Europäischen Währungssystem [EWS]). Nicht mehr erlaubt ist eine Bindung der Wechselkurse an Gold.

Gründe für die Wahl des Wechselkurssystems ergeben sich aus der speziellen Import- oder Exportstruktur eines Staates und auch aus bestimmten währungs- und wirtschaftspolitischen Leitvorstellungen. Für primär rohstoffexportierende Länder mag es im Devisenmanagement leichter sein, sich z.b. an den US-Dollar zu binden, da in dieser Währung viele Rohstoffpreise quotiert und Exportkontrakte abgeschlossen werden. Länder mit einer diversifizierten Handelsstruktur mögen es vorteilhafter finden, den unterschiedlichen Wechselkursentwicklungen anderer Handelswährungen dadurch zu begegnen, dass sie den Kurs ihrer Währung an einen Währungskorb wie z.b. an das SZR binden. Auch Länder, die ihre Währungen „floaten" lassen, greifen durch gelegentlichen An- und Verkauf von Fremdwährungen am Devisenmarkt ein, um „erratische" Wechselkursschwankungen zu verhindern. Kommen diese Glättungsinterventionen häufiger und massiver vor, spricht man vom „kontrollierten Floating".

Die Deutsche Bundesbank veröffentlicht monatlich in der Devisenkursstatistik (Statistisches Beiheft 5 zum Monatsbericht; Deutsche Bundesbank, Veröffentlichungen) einen Überblick über die Wechselkursregelungen, basierend auf dem Annual Report on Exchange Arrangements and Exchange Restrictions des IWF. Das Klassifizierungssystem des IWF beruht auf den tatsächlichen, den de facto in den verschiedenen Ländern bestehenden und identifizierten Wechselkursregimen. Diese können sich von den offiziellen, das heißt de jure vorgesehenen Wechselkursregelungen unterscheiden. [CMN]

Wechselkursstabilität

Ziel der Wechselkurspolitik mit der Absicht, negative Einflüsse auf den internationalen Waren-, Dienstleistungs- und Kapitalverkehr zu verhindern. Als Mittel der Wechselkursstabilisierung dienen die Zinspolitik der

Zentralbank sowie Interventionen am Devisenmarkt. Im Rahmen der Europäischen Wirtschafts- und Währungsunion (EWWU) findet das Ziel der Wechselkursstabilität seine Grenze dort, wo die Erfüllung des primären Auftrags zur Sicherung der Preisniveaustabilität (Artikel 127 I 1 AEUV) gefährdet würde. *[CMN]*

Weichwährung

Währung, die nicht konvertibel ist und/oder aufgrund der Wirtschaftspolitik des betreffenden Staates wenig Vertrauen genießt beziehungsweise unter Umständen abwertungsverdächtig ist. *[LGR]*

Weltwährungsreserven

Bezeichnung für die Brutto-Währungsreserven aller Mitgliedsländer des Internationalen Währungsfonds (IWF) zuzüglich Schweiz und Taiwan. Bestandteile der Weltwährungsreserven sind Gold, Sonderziehungsrechte, IWF-Reservepositionen und Devisen, wozu in dieser Berechnung (entsprechend ihrem Anteil an den Weltwährungsreserven) US-Dollar, Euro, Yen, Pfund Sterling und Schweizer Franken gerechnet werden. *[CMN]*

Wertsicherungsklauseln

1. *Allgemein:* Vereinbarungen, auch Preisklauseln genannt, die den Gläubiger einer Geldschuld gegen die durch Inflation verursachte Verschlechterung des Geldwertes absichern, wozu ein Wertmesser außerhalb des Geldes dient. Der Gläubiger erhält auf diese Weise bei Fälligkeit der Geldsummenschuld den ursprünglich vereinbarten Wert; das Risiko zwischenzeitlicher Entwertung trifft den Schuldner (Nominalismus). Bedeutung erlangen Wertsicherungsklauseln bei Dauerschuldverhältnissen, vor allem Miete und Pacht, Arbeitsverträgen und Darlehensverträgen.

2. *Rechtscharakter:* Wertsicherungsklauseln sind ein Ausfluss der Vertragsfreiheit. Sie kommen aber nicht in Betracht, wenn Rechtsvorschriften

die schriftliche Fixierung einer bestimmten Geldsumme verlangen (z.B. bei Wechsel, Scheck sowie bei der Verkehrshypothek). Aus währungspolitischen Gründen bedurften bestimmte Wertsicherungsklauseln bis 1998 einer Genehmigung durch die Deutsche Bundesbank. Im Hinblick auf den Übergang der Währungshoheit im Zuge der Europäischen Wirtschafts- und Währungsunion auf die Europäische Zentralbank hob der Gesetzgeber die betreffenden Vorschriften im (Ersten) Euro-Einführungsgesetz auf. Zugleich fügte er (mit dem Ziel des Schutzes der heimischen Wirtschaft und ihrer Stabilität) in das Preisangabengesetz, das die neue Bezeichnung „Preisangaben- und Preisklauselgesetz" (PaPkG) erhielt, das grundsätzliche Verbot von Wertsicherungsklauseln ein (sogenanntes Preisklauselverbot). Das PaPkG sowie die Preisklauselverordnung wurden mit Wirkung zum 14.9.2007 aufgehoben und durch das Preisklauselgesetz (PrKG vom 7.9.2007, BGBl. I S. 2246, zuletzt geändert durch Gesetz vom 29.7.2009, BGBl. I S. 2355) ersetzt, das inhaltlich die in den aufgehobenen Normen enthaltenen Vorschriften beibehält, insbesondere auch das Preisklauselverbot (§ 1 I PrKG).

3. *Ausnahmen*: In den §§ 2-7 PrKG enthalten sind Ausnahmen vom Preisklauselverbot, die sich unter anderem auf Erbbaurechtsverträge (§ 4), den Geld- und Kapitalverkehr (§ 5) sowie langfristige Verträge (§ 3) beziehen. Eine besondere Regelung hat die Indexierung von Mieten für Wohnraum in § 557b BGB (§ 10a des Gesetzes zur Regelung der Miethöhe) erfahren, der dem PrKG vorgeht (§ 1 III). Danach ist eine Wertsicherungsklausel zulässig, wenn sie als Bezugsgröße den amtlichen Preisindex für die Gesamtlebenshaltungskosten zugrunde legt, das Ausmaß der Anpassung bestimmt ist und höchstens der prozentualen Indexänderung entspricht und der Vermieter für mindestens zehn Jahre auf das Recht zur ordentlichen Kündigung verzichtet oder der Mietvertrag für die Lebenszeit eines Vertragspartners abgeschlossen ist. Bei Vorliegen dieser Voraussetzungen ist eine Genehmigung nicht erforderlich. *[CMN]*

Wochenausweis der Europäischen Zentralbank

1. *Begriff:* ähnlich dem bis zum 31.12.1998 erstellten Wochenausweis der Deutschen Bundesbank, enthält der Wochenausweis des Europäischen Systems der Zentralbanken (ESZB) den finanziellen Status (Bilanz) des ESZB in verkürzter Form.

2. *Rechtliche Grundlage:* Artikel 15.2 in Verbindung mit 15.1 ESZB-Satzung, verpflichten das Direktorium der EZB dazu, wöchentlich einen „konsolidierten Ausweis" des ESZB zu erstellen und zu veröffentlichen.

3. *Gliederung:* Der Wochenausweis der Europäischen Zentralbank enthält 9 Aktiv- und 12 Passivposten, deren Betrag (in Mio. Euro) zum jeweiligen Stichtag mitsamt den Veränderungen zur Vorwoche aufgrund von Transaktionen ausgewiesen wird.

a) Die *Aktiva* gliedern sich in:

(1) Gold und Goldforderungen

(2) Forderungen in Fremdwährung an außerhalb des Euro-Währungsgebiets ansässige Personen, untergliedert nach

(2.1) Forderungen an den IWF und

(2.2) Guthaben bei Banken, Wertpapieranlagen, Auslandskredite und sonstige Auslandaktiva

(3) Forderungen in Fremdwährung an im Euro-Währungsgebiet ansässige Personen

(4) Forderungen in Euro an außerhalb des Euro-Währungsgebiets ansässige Personen, untergliedert nach

(4.1) Guthaben bei Banken, Wertpapieranlagen und Kredite und

(4.2) Forderungen aus der Kreditfazilität im Rahmen des Wechselkursmechanismus II

(5) Forderungen in Euro aus geldpolitischen Operationen an Kreditinstitute im Euro-Währungsgebiet, untergliedert nach

(5.1) Hauptrefinanzierungsgeschäfte

(5.2) längerfristige Refinanzierungsgeschäfte

(5.3) Feinsteuerungsoperationen in Form von befristeten Transaktionen

(5.4) strukturelle Operationen in Form von befristeten Transaktionen

(5.5) Spitzenrefinanzierungsfazilität

(5.6) Forderungen aus Margenausgleich

(6) Sonstige Forderungen in Euro an Kreditinstitute im Euro-Währungsgebiet

(7) Wertpapiere in Euro von im Euro-Währungsgebiet ansässigen Personen

(8) Forderungen in Euro an öffentliche Haushalte

(9) sonstige Aktiva

b) Die *Passiva* sind gegliedert in:

(1) Banknotenumlauf

(2) Verbindlichkeiten in Euro aus geldpolitischen Operationen gegenüber Kreditinstituten im Euro-Währungsgebiet, untergliedert nach

(2.1) Einlagen auf Girokonten einschließlich Mindestreserveguthaben

(2.2) Einlagefazilität

(2.3) Termineinlagen

(2.4) Feinsteuerungsoperationen in Form von befristeten Transaktionen

(2.5) Verbindlichkeiten aus Margenausgleich

(3) Sonstige Verbindlichkeiten in Euro gegenüber Kreditinstituten im Euro-Währungsgebiet

(4) Verbindlichkeiten aus der Begebung von Schuldverschreibungen

(5) Verbindlichkeiten in Euro gegenüber sonstigen im Euro-Währungsgebiet ansässigen Personen, untergliedert in

(5.1) Einlagen von öffentlichen Haushalten und

(5.2) sonstige Verbindlichkeiten

(6) Verbindlichkeiten in Euro gegenüber außerhalb des Euro-Währungsgebiets ansässigen Personen

(7) Verbindlichkeiten in Fremdwährung gegenüber im Euro-Währungsgebiet ansässigen Personen

(8) Verbindlichkeiten in Fremdwährung gegenüber außerhalb des Euro-Währungsgebiets ansässigen Personen, untergliedert nach

(8.1) Einlagen, Guthaben und sonstige Verbindlichkeiten

(8.2) Verbindlichkeiten aus der Kreditfazilität im Rahmen des WKM II

(9) Ausgleichsposten für vom IWF zugeteilte Sonderziehungsrechte

(10) sonstige Passiva

(11) Ausgleichsposten aus Neubewertung

(12) Kapital und Rücklagen.

3. *Bedeutung:* Der Wochenausweis der Europäischen Zentralbank soll insbesondere aktuelle währungs- und kreditpolitische Informationen liefern, in Gestalt einer nach Vermögenswerten und Verbindlichkeiten gegliederten Zwischenbilanz. Vorangestellt sind kurze Erläuterungen zu Positionen, die mit geldpolitischen Operationen zusammenhängen, und solchen, bei denen dies nicht der Falle ist, ferner zu den Einlagen des Finanzsektors im Euro-Währungsgebiet auf Girokonten. Ähnlich wie

früher beim Wochenausweis der Bundesbank spiegeln sich auch hier die Funktionen der Zentralbank wider, als Notenbank, Bank der Banken und des übrigen Finanzsektors, Bank des Staates und (nicht zumindest) als Währungsbank. *[CMN]*

Zahlungsmittel

Im Zahlungsverkehr verwendete Gegenstände, die zur Tilgung von Geld-schulden geeignet sind. Alle Staaten kennen bestimmte gesetzliche Zah-lungsmittel, nämlich Banknoten und Münzen, für die Rechtsvorschrif-ten einen Annahmezwang des Geldschuldgläubigers vorsehen. Akzep-tiert er dieses Geld nicht, so kommt er in Gläubigerverzug. Der Einsatz solchen Bargeldes ist unter normalen Umständen auf die Tilgung von Geldschulden geringerer Höhe sowie auf die Verwendung bei Automa-ten beschränkt.

Weitaus größere Bedeutung für Zahlungszwecke haben andere Zah-lungsmittel, insbesondere in Gestalt von Giralgeld beziehungsweise hierauf bezogenen Verfügungsrechten, wie Schecks oder Kreditkar-ten. Maßgeblich sind hierbei nicht Geldzeichen als Sachen, sondern als Forderungsrechte gegenüber einer Bank, die durch Sichteinlagen oder Gewährung von Kredit geschaffen werden. Insoweit ist ein Gläubiger nicht zur Annahme solcher Zahlungsmittel als Erfüllung einer Verbind-lichkeit verpflichtet, sondern diese Wirkung tritt nur ein, wenn er mit ihr einverstanden ist. Ansonsten erfolgt die Überweisung auf sein Girokonto oder die Hingabe eines Schecks nur als Leistung erfüllungshalber, auch bei Verwendung von eurocheques (ec). Auch bei der Weitergabe von Wechseln fungieren diese Wertpapiere als Zahlungsmittel und sind wie der Scheck Geldersatzmittel; primär dienen sie freilich (mit Ausnahme der Sichtwechsel) als Kreditinstrument. *[LGR]*

Zentralbank

Notenbank, Zentralnotenbank;

1. *Begriff:* Bank eines Währungsgebietes oder eines Staates (nationale Zentralbank), die zentrale Verantwortung für die Funktionsfähigkeit des Geld- und Kreditwesens des Staates hat, eine an gesamtwirtschaftlichen Zielen (Geldwertstabilität, Wirtschaftswachstum usw.) ausgerichtete Politik betreibt und meistens öffentlich-rechtlich organisiert ist.

2. *Hauptaufgaben:* Ausgabe von Banknoten als gesetzliches Zahlungsmittel (Zentralbank als Notenbank), Refinanzierung der Banken (letzte Refinanzierungsstelle, Lender of Last Resort), Clearing im bargeldlosen Zahlungsverkehr (Bank der Banken), Verwaltung der Einlagen der öffentlichen Haushalte und Vergabe von Krediten an öffentliche Haushalte, Durchführung und Mitwirkung bei öffentlicher Kreditaufnahme am Markt, Abwicklung des bargeldlosen Zahlungsverkehrs öffentlicher Haushalte (Bank des Staates), Verwaltung der Währungsreserven des Staates.

3. *Verhältnis zur Regierung:* Dies kann funktionsbezogen durch Weisungsfreiheit (Notenbankautonomie) oder Weisungsgebundenheit gekennzeichnet sein. In westlichen Staaten finden sich unterschiedliche Regelungen. Weithin regierungsabhängig ist z.B. die Bank of England; regierungsunabhängige Zentralbanken (mit unterschiedlich starker Weisungsfreiheit) finden sich in der Schweiz (Schweizerische Nationalbank, SNB) und in den USA (Federal Reserve System). Unabhängig (nach Artikel 130 AEUV) sind auch die Europäische Zentralbank (EZB) und die nationalen Zentralbanken im Europäischen System der Zentralbanken (ESZB). *[CMN]*

Zentralbankgeld

1. *Begriff:* das von einer Zentralbank geschaffene (geschöpfte, bereitgestellte) Geld, das heißt Sichtguthaben (Sichteinlagen) auf Konten bei der Zentralbank (Zentralbankguthaben) und Bargeld außerhalb der Zentralbank (Banknoten sowie in Umlauf gebrachte Scheidemünzen, die im Allgemeinen zum Zentralbankgeld gezählt werden).

2. *Arten:* Aus Sicht der Banken wird zwischen aktuellem und potenziellem Zentralbankgeld unterschieden (freie Liquiditätsreserven). Zu aktuellem Zentralbankgeld rechnen Zentralbankguthaben und Kassenbestände der Kreditinstitute. Zu dem potenziellen Zentralbankgeld zählen die Aktiva der Kreditinstitute, die von diesen jederzeit bei

der Zentralbank in aktuelles Zentralbankgeld umgetauscht werden kön-
nen. Die Aktivpositionen der Bilanz der Zentralbank zeigen, aus welchen
Quellen das vorhandene Zentralbankgeld stammt. Dagegen zeigen die
Passivpositionen von deren Bilanz, in welcher Form Nichtbanken und
Kreditinstitute das vorhandene Zentralbankgeld halten.

3. *Bedeutung:* Zentralbankgeld ist Grundlage der Geldschöpfung der
Geschaftsbanken, dessen bereitgestellte Höhe beeinflusst damit die
Höhe der Geldmenge in einer Volkswirtschaft. *[ASH]*

Zentralbankguthaben

Sichteinlagen bei einer Zentralbank, die den Banken zur Erfüllung der
Mindestreservepflicht und als Arbeitsguthaben bei der Zentralbank dienen. Zentralbankguthaben werden am Geldmarkt zum Liquiditätsaus-
gleich zwischen den Banken gehandelt. In Deutschland werden Zentralbankguthaben seit 1.1.1999 auf Girokonten in Euro von der Deutschen
Bundesbank beziehungsweise ihren Hauptverwaltungen oder deren
Zweiganstalten geführt. *[CMN]*

Zentralbanksystem

Aufbau und Gliederung der staatlichen (beziehungsweise überstaat-
lichen, das heißt supranationalen) Institution, die zentrale Verantwortung für die Funktionsfähigkeit des Geld- und Kreditwesens hat (Zentralbank). Ein Zentralbanksystem kann zentral oder dezentral (föderativ)
aufgebaut sein. Beispiel eines zentralen (einstufigen) Aufbaus: Deutsche
Reichsbank von 1876 bis 1945; eines dezentralen (zweistufigen) Aufbaus: föderative Struktur des Zentralbanksystems in der Bundesrepublik Deutschland von 1948 bis 1957 in Form von rechtlich selbständigen Landeszentralbanken in den Ländern und der Bank deutscher Länder (nach dem Vorbild des Federal Reserve System [FED] der USA),
deren Grundkapital die Länder hielten. Das seit 1.1.1999 im Rahmen der
Europäischen Wirtschafts- und Währungsunion errichtete Europäische

System der Zentralbanken (ESZB) stellt eine Kombination aus zentralen (Europäische Zentralbank [EZB]) und dezentralen (nationale Zentralbanken [NZB] der Mitgliedstaaten) Elementen dar. *[CMN]*

Zentralbanksystem in Deutschland

1. *1876 bis 1945*:

a) *Errichtung*: Die Geschichte eines zentralen deutschen Währungs- und Notenbankwesens beginnt mit dem 1.1.1876. An diesem Tage vollzog sich nach dem Bankgesetz vom 14.3.1875 die Umwandlung der Preußischen Bank in die Reichsbank. Daneben bestanden zwar die Bayerische und die Württembergische Notenbank sowie die Sächsische und die Badische Bank als Privatnotenbanken bis 1935 fort; deren Befugnis zur Notenausgabe wurde aber im Laufe der Zeit bis zur Bedeutungslosigkeit eingeschränkt. Die Reichsbank hatte den gesetzlichen Auftrag, den „Geldumlauf im gesamten Reichsgebiet zu regeln, die Zahlungsausgleichungen zu erleichtern und für die Nutzbarmachung verfügbaren Kapitals zu sorgen" (§ 12 Bankgesetz). Ihr Kapital von zunächst 120 Mio. Mark befand sich in privaten Händen, doch waren die Befugnisse der Anteilseigner gering. Ihre Interessen wurden durch die Generalversammlung und den Zentralausschuss wahrgenommen. Die Leitung oblag dem Reichskanzler und unter diesem dem Reichsbankdirektorium, dem der Reichsbankpräsident vorstand. Das Bankkuratorium mit dem Reichskanzler an seiner Spitze übte die Reichsaufsicht aus. Im Hinblick auf die Existenz von Privatnotenbanken besaß die Reichsbank rechtlich kein absolutes Notenausgabemonopol, hatte aber tatsächlich die Stellung einer Zentralnotenbank inne. Die Notenausgabe war durch Deckungsvorschriften und eine indirekte Kontingentierung begrenzt. Für den Banknotenumlauf galt ein Drittel Bardeckung, im Übrigen war bankmäßige Deckung erforderlich, die zunächst in erster Linie aus guten Handelswechseln bestand. Banknoten stellten bis 1909 zwar kein gesetzliches Zahlungsmittel dar, sie waren auf Verlangen in kursfähiges Gold umzutauschen; de facto war die Mark damit eine Goldumlaufwährung.

Im Übrigen erstreckte sich der Geschäftsbereich der Reichsbank insbesondere auf den Diskont-, Lombard-, Giro- und Depositenverkehr.

b) *Änderungen nach Beginn des Ersten Weltkriegs*: Durch die Notgesetze für das Geld- und Währungswesen vom 4.8.1914 wurde die Einlösungspflicht für Banknoten aufgehoben. Die Aufweichung der Deckungsvorschriften ermöglichte die Kriegsfinanzierung mithilfe der Notenbank und zeichnete den Weg zur Inflation von 1923 vor. Als die Reichsregierung am 13.1.1922 ein Moratorium für die Reparationszahlungen verlangte, waren allerdings die Alliierten dazu nur unter der Voraussetzung bereit, dass die Unabhängigkeit der Reichsbank bis zum 31.5.1922 hergestellt wurde. Darauf erging das Gesetz über die Autonomie der Reichsbank vom 26.5.1922, das die Leitung der Bank durch Organe des Reiches beseitigte und ihr eine autonome Stellung einräumte.

c) *Neuordnung des Geldwesens*: Im Rahmen der Umsetzung des Dawes-Plans (Plan zur Regelung der deutschen Reparationszahlungen nach dem Ersten Weltkrieg) wurde mit dem Bankgesetz vom 30.8.1924 das deutsche Notenbankwesen neu gestaltet. § 1 des neuen Gesetzes bestimmte nunmehr ausdrücklich, die Reichsbank sei eine von der Reichsregierung unabhängige Bank. Das Reichsbankdirektorium war jedoch verpflichtet, der Reichsregierung Bericht zu erstatten. Organe der Bank waren nach dem Gesetz von 1924 das Reichsbankdirektorium, die Vertretung der Anteilseigner und der Generalrat. Das Reichsbankdirektorium verwaltete die Bank und bestimmte insbesondere ihre Währungspolitik, Diskont- und Kreditpolitik. Die Vertretung der Anteilseigner war die Generalversammlung. Der Generalrat bestand aus 14 Mitgliedern; zur Sicherung der Reparationsverpflichtungen des Reiches waren die Hälfte davon Angehörige der Siegermächte. Die Banknotenemission erfolgte unter der Kontrolle des Kommissars für die Notenausgabe, eines Ausländers. Für den Notenumlauf schrieb das Bankgesetz eine Deckung von mindestens 40 Prozent in Gold und Devisen vor. Ferner bestand für die Reichsbank ab 1930 eine Verpflichtung zur Einlösung der Reichsmark in Gold. Der Geschäftskreis der Bank bestand ferner in dem Ankauf von Gold,

Silber und Devisen sowie dem Diskont- und Lombardgeschäft. Die Kreditgewährung an das Reich wurde eingeschränkt.

d) *Entwicklung nach 1933*: Das Bankgesetz wurde durch Gesetz vom 27.10.1933 geändert. Der Generalrat wurde abgeschafft. Seine Befugnisse gingen auf den Reichspräsidenten über. Die Reichsbank erhielt das Recht der Offenmarktpolitik nach dem Vorbild anderer Zentralbanken. Zur Finanzierung von Arbeitsbeschaffungsmaßnahmen, später auch zur Kriegsfinanzierung, diskontierte die Reichsbank Dreimonatswechsel (Öffa-, Mefa-Wechsel), die plangemäß bei Fälligkeit prolongiert wurden. Deren Hereinnahme verstieß wegen ihrer Kurzfristigkeit formal nicht gegen das Bankgesetz, so dass die Reichsbank die hiermit eingeleitete inflationäre Geldschöpfung nicht verhindern konnte. Die Unabhängigkeit der Reichsbank wurde durch Gesetz vom 10.2.1937 aufgehoben, das Reichsbankdirektorium dem „Führer und Reichskanzler" unmittelbar unterstellt. Das Reichsbankgesetz vom 16.6.1939 wiederholte diese Regelung und gab dem „Führer und Reichskanzler" ein Weisungs- und Auftragsrecht. Bestimmungen über die Noteneinlösung entfielen; die Deckungsvorschriften wurden gänzlich aufgehoben.

2. 1945 bis 1998 (Bundesrepublik Deutschland):

a) *Zentralbanksystem von 1948*: Nach dem Zusammenbruch errichteten die westlichen Besatzungsmächte in ihren Zonen und in Berlin (West) ein neues, zweistufiges Zentralbanksystem, das in seinem streng föderativen Aufbau das Federal Reserve System (FED) der Vereinigten Staaten zum Vorbild hatte. Es bestand aus den rechtlich selbständigen Landeszentralbanken in den einzelnen Ländern und der am 1.3.1948 gegründeten Bank deutscher Länder in Frankfurt a.M. Die Landeszentralbanken fungierten in ihrem Bereich als Zentralbank. Die Bank deutscher Länder war eine gemeinsame Tochter der Landeszentralbanken. Die allgemeine Geschäftspolitik der Bank wurde vom Zentralbankrat bestimmt und vom Direktorium ausgeführt. Der Zentralbankrat setzt sich aus einem Präsidenten, dem Präsidenten des Direktoriums der Bank deutscher Länder und den Präsidenten der Landeszentralbanken zusammen. Die Bank deutscher Länder war Anweisungen deutscher politischer Körperschaften, auch der seit September 1949 tätig werdenden Bundesregierung, nicht unterworfen. Ein Übergangsgesetz vom 10.8.1951 verpflichtete die Bank, die allgemeine Wirtschaftspolitik der Bundesregierung zu beachten und im Rahmen ihrer Aufgaben zu unterstützen. Ein Weisungsrecht erhielt die Bundesregierung nicht, wohl aber ein suspendierendes Vetorecht. Ihre volle Autonomie gegenüber den Alliierten erlangte die Bank 1951. Die Bank hatte die Zahlungsfähigkeit und Liquidität der angeschlossenen Landeszentralbanken zu pflegen. Sie bestimmte die gemeinsame Bankpolitik (Zentralbankpolitik) und sicherte deren größtmögliche Einheitlichkeit. Sie konnte Anweisungen für die allgemeine Kreditpolitik einschließlich der Zins- und Diskontsätze und der Offenmarktpolitik erlassen. Als weiteres Mittel zur Steuerung der Währungs- und Kreditpolitik führte das Gesetz über die Errichtung der Bank deutscher Länder das Instrument der Mindestreserve ein. Auch war sie zu den üblichen Notenbankgeschäften ermächtigt. Der Kreditplafond der Bundesregierung betrug 1,5 Mrd. DM. Aufgrund besonderer Gesetze war die Bank deutscher Länder außerdem in die Devisenbewirtschaftung mit eingeschaltet. Das Notenausgaberecht wurde der Bank durch § 1 des 2. Gesetzes zur Neuordnung des Geldwesens (Emissionsgesetz vom 20.6.1948) verliehen, das Recht zur Ausgabe von Münzen durch das Münzgesetz vom 8.7.1950 geregelt und steht seither wieder dem Bund zu. Der Umlauf von Noten der Bank deutscher Länder und von Münzen sollte den Betrag von 10 Mrd. DM grundsätzlich nicht übersteigen. Eine Notendeckung besonderer Art sahen die genannten Gesetze nicht vor.

b) *Errichtung der Deutschen Bundesbank*: Dem Gesetzgebungsauftrag durch Artikel 88 des Grundgesetzes, eine Währungs- und Notenbank als Bundesbank zu errichten, kam der Bundesgesetzgeber mit dem Gesetz über die Deutsche Bundesbank (Bundesbankgesetz [BBankG]) vom 26.7.1957 nach. Der zweistufige Aufbau des Zentralbanksystems wurde beseitigt. Dazu wurden die Landeszentralbanken einschließlich der Berliner Zentralbank mit der Bank deutscher Länder zur Deutschen Bundesbank verschmolzen (§ 1 BBankG). Die Landeszentralbanken wurden „Hauptverwaltungen" der Bundesbank (§ 8 I BBankG). Ihnen waren vor allem Geschäfte mit dem jeweiligen Bundesland und mit Kreditinstituten, die keine Aufgaben im gesamten Bundesgebiet haben, vorbehalten (§ 8 II BBankG).

3. *1945 bis 1990 (Deutsche Demokratische Republik)*: Banken und Sparkassen waren Bestandteil des sozialistischen Staatsapparates und hatten im Rahmen dieses staatlichen Bankenmonopols die Beschlüsse der SED und der Regierung zu erfüllen. Der Aufbau des Bankwesens in der DDR war vom Prinzip des demokratischen Zentralismus geprägt. Entsprechend der Notwendigkeit der Zentralverwaltungswirtschaft wurden Geld- und Kreditverkehr geplant, geleitet und kontrolliert. An der Spitze des Bankensystems stand die 1967 aus der Deutschen Notenbank hervorgegangene Staatsbank der DDR, die unmittelbar dem Ministerrat (Regierung) verantwortlich war und als Notenbank die „Mark der DDR" ausgab. Mit der Währungsunion zwischen der Bundesrepublik Deutschland und der DDR 1990 gingen die Funktionen der Notenbank und der Zentralbank auf die Deutsche Bundesbank über.

4. *Seit 1.1.1999*: Im Zuge der Europäischen Wirtschafts- und Währungsunion wurde zum 1.1.1999 das Europäische System der Zentralbanken (ESZB) errichtet, bestehend aus Europäischer Zentralbank (EZB) und den nationalen Zentralbanken (NZBen), deren gemeinsame Währung der Euro ist. Die Deutsche Bundesbank ist als Zentralbank der Bundesrepublik Deutschland integraler Bestandteil des ESZB (Artikel 88 S. 2 GG); ihre Zuständigkeiten in der Geldpolitik hat sie an die EZB abgegeben beziehungsweise verloren. Die rechtliche Grundlage dafür stellte das 6. Bundesbank-Änderungsgesetz (vom 22.12.1997, BGBl. I S. 3274) dar; danach wirkt die Bundesbank an der Erfüllung der Aufgaben des ESZB mit dem vorrangigen Ziel mit, die Preisstabilität zu gewährleisten (§ 3 S. 1 BBankG). Im Zuge der 7. Novelle (vom 23.3.2002, BGBl. I S. 1159)

und der 8. Novelle (vom 16.7.2007, BGBl. I S. 1382) zum Bundesbankgesetz wurde der Vorstand der Deutschen Bundesbank als nunmehr einheitliches Leitungs- und Verwaltungsorgan etabliert und größenmäßig
nochmals verkleinert. Neun Hauptverwaltungen bestehen fort; deren
Präsidenten unterstehen heute dem Bundesbank-Vorstand (§ 8 BBankG
n.f.). Die Zahl der Filialen der Deutschen Bundesbank (§ 10 BBankG)
hat sich zunehmend auf weniger als 50 (Stand 2018) verringert. *[CMN]*

Zinserhebung

Statistische Erhebung der Deutschen Bundesbank (Zinsstatistik), in
deren Rahmen bei ausgewählten Banken (Teilerhebung) für ausgewählte
Kredit- und Einlagearten Soll- und Habenzinssätze ermittelt werden. Die
Institute haben den mit der Mehrzahl der inländischen Nichtbankenkun-
den vereinbarten Zinssatz (häufigster Zinssatz), bei Hypothekarkrediten
zusätzlich den diesem Zinssatz zugehörigen häufigsten Auszahlungs-
kurs zu melden. Die Zinserhebung ist ein Teil der Bankenstatistik (der
Deutschen Bundesbank). *[CMN]*

Zinspolitik von Zentralbanken

1. *Begriff*: geldpolitische Maßnahmen (Geldpolitik), bei denen die Zentralbank im Gegensatz zur Liquiditätspolitik (Liquiditätspolitik von Zentralbanken) unmittelbar Einfluss auf die Zinsen am Geldmarkt nimmt.

2. *Unterscheidung*: Die Deutsche Bundesbank unterschied zwischen
Zinspolitik und Liquiditätspolitik im Hinblick auf den primären Anknüpfungspunkt der eingesetzten Instrumente. Die Unterscheidung konnte
auch im Hinblick auf die Wirkung getroffen werden, jedoch beeinflussen zinspolitische Instrumente die Liquidität genauso wie liquiditätspolitische Instrumente die Zinssätze am Geldmarkt.

3. Im *Europäischen System der Zentralbanken (ESZB)* haben die Veränderung der Sätze für die Spitzenrefinanzierungsfazilität und die Einlagefazilität (ständige Fazilitäten des ESZB) zinspolitischen Charakter. Ein

zentrales zinspolitisches Instrument des ESZB ist der Zinssatz für die Hauptrefinanzierungsgeschäfte (Hauptrefinanzierungsgeschäfte des ESZB). Über die Festsetzung des Volumens stellen Hauptrefinanzierungsgeschäfte aber gleichzeitig auch ein Element der Liquiditätspolitik dar.

4. Zu den zinspolitischen Instrumenten der *Deutschen Bundesbank* zählten Diskont- und Lombardsatz sowie der Zinssatz für die Wertpapierpensionsgeschäfte. *[ASH]*

Zweiganstalten der Deutschen Bundesbank

Vor der Organisationsreform durch die 7. Novelle des Bundesbankgesetzes (BBankG) vom 23.3.2002 (BGBl. I S. 1159) in § 10 BBankG a.F. verwendeter Oberbegriff für Hauptstellen und Zweigstellen der Deutschen Bundesbank. Die betreffenden Orte wurden als Bankplatz bezeichnet. Errichtung und Schließung der Zweiganstalten der Deutschen Bundesbank war Aufgabe des Zentralbankrats der Deutschen Bundesbank. Seit Neufassung des § 10 BBankG zum 1.5.2002 gibt es nur noch Filialen der Deutschen Bundesbank, die der jeweils örtlich zuständigen Hauptverwaltung unterstehen. *[CMN]*